Viktor E. Frankl

Psychotherapie
für den Alltag

Rundfunkvorträge über Seelenheilkunde

Herder

Freiburg · Basel · Wien

Neuausgabe 1992

Alle Rechte vorbehalten – Printed in Germany
© Verlag Herder Freiburg im Breisgau 1971, 1977
Erstausgabe als Herder-Taschenbuch 1971 unter dem Titel:
Pychotherapie für den Laien. Rundfunkvorträge über Seelenheilkunde
Herstellung: Freiburger Graphische Betriebe 1992
Umschlaggestaltung: Joseph Pölzelbauer
Umschlagmotiv: Edvard Munch, Die Sonne
© Oslo Kommune Kunstsamlingene, Munch-museet, Oslo
ISBN 3-451-04072-7

GERTRUD PAUKNER

GEWIDMET

Inhalt

Vorwort

In den Jahren 1951 bis 1955 wurde ich jeden Monat von der Wissenschaftlichen Abteilung des Wiener Senders Rot-Weiß-Rot eingeladen, einen Vortrag über ein psychotherapeutisches Thema zu halten. Nachdem die ersten sieben dieser Rundfunkvorträge bereits in Buchform erschienen waren, entschloß ich mich, auch eine Auswahl aus den weiteren Vorträgen zu veröffentlichen, nicht ohne daß die zuerst erschienenen in diese Sammlung aufgenommen worden wären, und zwar in wesentlich erweiterter, durch Anmerkungen ergänzter Form. Maßgeblich für diesen meinen Entschluß war der Widerhall, den die Vorträge gefunden hatten und der aus vielen Zuschriften aus dem Hörerkreis hervorgegangen war. Ich glaubte, meinen Hörern es schuldig zu sein, wenn ich es ihnen ermöglichte, was ich vorgetragen hatte, nachzulesen. Auch hoffte ich, auf diesem Wege die Wirkung der Vorträge zu vervielfältigen; die Wirkung aber, die beabsichtigt war, sollte eine psychohygienische sein. Denn was mir vorschwebte, war weniger: Psychotherapie zu besprechen – als vielmehr: Psychotherapie zu betreiben – *Psychotherapie vor dem Mikrophon*, und dazu sollte der Rundfunk dienen: zu einer kollektiven Psychotherapie – so recht danach angetan, der kollektiven Neurose entgegenzuwirken.

Jeder einzelne Vortrag ist in sich geschlossen; dadurch ergeben sich unvermeidliche Überschneidungen und so denn auch Wiederholungen, welch letztere insofern nicht einmal so unerwünscht sind, als sie ja didaktisch nützlich sein mögen. Was den Stil der Vorträge anbelangt, wurde die Diktion beibehalten, in der sie gehalten worden waren, auf die Gefahr hin, daß diese Diktion den einen oder anderen allzu salopp anmutet. Bekanntlich ist eine Rede keine Schreibe; am allerwenigsten darf ein gemeinverständlicher Rundfunkvortrag einer wissenschaftlichen Abhandlung gleichgesetzt werden.

Viktor E. Frankl

11

Vorwort zur Taschenbuchausgabe

„Psychotherapie für jedermann" ist eine Zusammenstellung und Erweiterung von Rundfunkvorträgen aus den vergangenen zwanzig Jahren, deren Widerhall bei den Hörern so groß war, daß ein Großteil von ihnen mit demselben Echo vor kurzem wiederholt werden mußte. Das hier vorgelegte Taschenbuch bietet in der Diktion unmittelbar ansprechender Rede zweierlei: eine sich aller Problematik eines solchen Unterfangens selbstkritisch bewußte allgemeinverständliche Darstellung psychiatrischer und psychotherapeutischer Grundprobleme einerseits, die keiner Schulrichtung verschworen ist, und andererseits – etwas Einmaliges in der psychiatrischen Literatur unserer Zeit – eine „Psychotherapie vor dem Mikrophon". Was hier noch einmal nachgelesen werden kann, ist ein Stück praktischer psychischer Hygiene. Wir danken es Viktor Frankl, daß er sich bereit erklärt hat, der Herausgabe dieses Taschenbuchs zuzustimmen und es auf sich zu nehmen, möglicherweise wegen mancher der lebendigen Rede eigener, gleichsam unbekümmerter und das Anekdotische nicht verschmähender Formulierungen beim einen oder anderen Kritiker Anstoß zu erregen. Ich meine jedoch, daß Frankl gezeigt hat, daß man schwierige Sachverhalte verständlich machen kann, ohne deshalb oberflächlich zu werden oder Mißverständnissen durch eine verfehlte Popularisierung Vorschub zu leisten.

Im Zentrum des Interesses stehen zweifellos diejenigen Vorträge, die nichts Geringeres intendieren und leisten, als ein Stück Psychotherapie, insbesondere kollektiver Neurosen, zu verwirklichen – durch das geschriebene Wort nunmehr wie ursprünglich über den Sender. Niemand freilich kennt die schmerzlichen Grenzen solchen Wirkens und Helfenwollens auch durch die hier in Dienst genommenen Medien einer außerpersonalen Wegweisung zur Befreiung aus neurotischer Fesselung besser als der Autor selbst. Was ihn schließlich dazu ermutigt hat, sind zahlreiche Bekundungen von Patienten, die auf der Suche nach dem verlorenen oder noch nie erfaßten Sinn ihres Lebens, aus der lähmenden noogenen Neurose heraus also, an irgendeinem bestimmten Satz des Gehörten Halt und Hilfe fanden, ja in einigen Fällen sogar von dem Suizid abgehalten wurden.

Mancher Mensch auf der Suche nach dem Sinn – dies ist der Titel des ersten Vortrags – kann, meine ich, solchermaßen erfahren, daß er nicht unverstanden allein zu stehen braucht und daß Psychohygiene mehr sein kann als ein theoretisierendes Erwägen dessen, was man vielleicht tun könnte, um an Menschen in Not heranzukommen.

Hans Jörg Weitbrecht (Bonn)

Einleitung

Der Mensch auf der Suche nach dem Sinn

Öffentlicher Vortrag im Rahmen des XIV. Internationalen
Kongresses für Philosophie (Wien 1968)

Der Titel umreißt mehr als ein Thema: er umfaßt eine Definition,
zumindest eine Interpretation des Menschen. Eben als eines Wesens, das letztlich und eigentlich auf der Suche nach Sinn ist. Der
Mensch ist immer schon ausgerichtet und hingeordnet auf etwas,
das nicht wieder er selbst ist, sei es eben ein Sinn, den er erfüllt,
oder anderes menschliches Sein, dem er begegnet. So oder so:
Menschsein weist immer schon über sich selbst hinaus, und die
Transzendenz ihrer selbst ist die Essenz menschlicher Existenz.

Ist es also *nicht* so, daß der Mensch eigentlich und ursprünglich darnach strebt, glücklich zu sein? Hat denn nicht selbst Kant
zugegeben, daß dies der Fall sei, und nur hinzugesetzt, der
Mensch solle auch darnach streben, des Glücklichseins *würdig*
zu sein? Ich würde sagen, was der Mensch wirklich will, ist letzten Endes nicht das Glücklichsein an sich, sondern ein *Grund*
zum Glücklichsein. Sobald nämlich ein Grund zum Glücklichsein gegeben ist, stellt sich das Glück, stellt sich die Lust von
selber ein. So schreibt Kant in seiner „Metaphysik der Sitten"
beziehungsweise deren „Zweytem Theil", den „Metaphysischen
Anfangsgründen der Tugendlehre" (Königsberg, bey Friedrich
Nicolovius, 1797, Seite VIII f.), „daß Glückseligkeit die *Folge* der
Pflichtbeobachtung" sei und „das Gesetz *vor* der Lust hergehen
muß, damit sie empfunden werde". Was aber da in bezug auf
die Pflichtbeobachtung beziehungsweise das Gesetz gesagt wird,
gilt meines Erachtens viel allgemeiner und läßt sich sogar vom
Bereich der Sittlichkeit auf den der Sinnlichkeit übertragen. Und
davon wissen wir Neurologen ein Lied zu singen. Denn im klinischen Alltag zeigt sich immer wieder, daß es gerade die Abwendung vom „Grund zum Glücklichsein" ist, die den sexualneuro-
tischen Menschen – den potenzgestörten Mann beziehungsweise
die frigide Frau – nicht glücklich werden läßt. Wodurch aber
kommt diese pathogene Abwendung vom „Grund zum Glücklichsein" zustande? Durch eine forcierte Zuwendung zum Glück

selbst, zur Lust selbst. Wie recht hatte doch Kierkegaard, als er einmal meinte, die Tür zum Glück gehe nach außen auf – wer sie „einzurennen" versucht, dem verschließt sie sich nur.

Wie können wir uns das erklären? Nun, wovon der Mensch zutiefst und zuletzt durchdrungen ist, ist weder der Wille zur Macht noch ein Wille zur Lust, sondern ein Wille zum Sinn. Und auf Grund eben dieses seines Willens zum Sinn ist der Mensch darauf aus, Sinn zu finden und zu erfüllen, aber auch anderem menschlichen Sein in Form eines Du zu begegnen, es zu lieben. Beides, Erfüllung und Begegnung, gibt dem Menschen einen *Grund* zum Glück und zur Lust. Beim Neurotiker aber wird dieses primäre Streben gleichsam abgebogen in ein *direktes* Streben nach Glück, in den Willen zur Lust. Anstatt daß die Lust das bleibt, was sie sein muß, wenn sie überhaupt zustande kommen soll, nämlich eine Wirkung (die Nebenwirkung erfüllten Sinns und begegnenden Seins), wird sie nunmehr zum Ziel einer forcierten Intention, einer Hyperintention. Mit der Hyperintention einher geht aber auch eine Hyperreflexion. Die Lust wird zum alleinigen Inhalt und Gegenstand der Aufmerksamkeit. In dem Maße aber, in dem sich der neurotische Mensch um die Lust kümmert, verliert er den *Grund* zur Lust aus den Augen – und die Wirkung „Lust" kann nicht mehr zustande kommen. Je mehr es einem um die Lust geht, um so mehr vergeht sie einem auch schon.

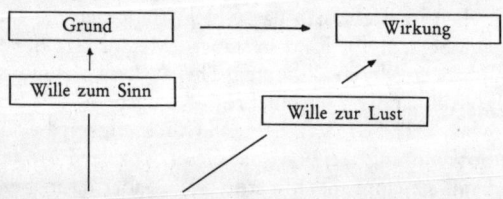

Es läßt sich leicht ermessen, wie sehr die Hyperintention und die Hyperreflexion beziehungsweise ihr deletärer Einfluß auf Potenz und Orgasmus noch verstärkt werden, wenn der in seinem Willen zur Lust zum Scheitern verurteilte Mensch versucht, zu retten, was zu retten ist, indem er bei einer technischen Vervollkommnung des Sexualakts seine Zuflucht sucht. „Die vollkommene Ehe" raubt ihm nur den letzten Rest jener Unmittelbarkeit, auf deren Boden allein das Liebesglück erblühen kann. Angesichts des sexuellen Konsumationszwangs von heute wird insbesondere der junge Mensch dermaßen in die Hyperreflexion getrieben, daß es uns nicht zu wundern braucht, wenn sich der Prozentsatz der Sexualneurosen im Krankengut unserer Kliniken vergrößert.

Der Mensch von heute neigt ohnehin zur Hyperreflexion. Professor Edith Joelson von der University of Georgia konnte nachweisen, daß für den amerikanischen Studenten das Selbstverständnis (self-interpretation) und die Selbstverwirklichung (self-actualization) in einem statistisch signifikanten Maße innerhalb einer Hierarchie der Werte am höchsten stehen. Es ist klar, daß es sich durchaus um ein Selbstverständnis handelt, das von einem analytischen und dynamischen Psychologismus her indoktriniert ist, der den gebildeten Amerikaner veranlaßt, unablässig hinter dem bewußten Verhalten stehende unbewußte Beweggründe zu vermuten. Was aber die Selbstverwirklichung anlangt, wage ich zu behaupten, daß sich der Mensch nur in dem Maße zu verwirklichen imstande ist, in dem er Sinn erfüllt. Der Imperativ von Pindar, dem zufolge der Mensch werden soll, was er immer schon ist, bedarf einer Ergänzung, die ich in den Worten von Jaspers sehe: „Was der Mensch ist, das ist er durch die Sache, die er zur seinen macht."

Wie der Bumerang, der zum Jäger, der ihn geschleudert hat, nur dann zurückkehrt, wenn er das Ziel, die Beute, verfehlt hat, so ist auch nur *der* Mensch so sehr auf Selbstverwirklichung aus, der zunächst einmal in der Erfüllung von Sinn gescheitert ist, ja vielleicht nicht einmal imstande ist, einen Sinn auch nur zu finden, um dessen Erfüllung es ginge.

Analoges gilt ja auch vom Willen zur Lust und vom Willen zur Macht. Während aber die Lust eine Nebenwirkung der Sinnerfüllung ist, ist die Macht insofern ein Mittel zum Zweck, als die Sinnerfüllung an gewisse gesellschaftliche und wirtschaftliche Bedingungen und Voraussetzungen gebunden ist. Wann aber *ist* der Mensch auf die bloße Nebenwirkung „Lust" bedacht, und wann *beschränkt* er sich auf das bloße Mittel zum Zweck, Macht genannt? Nun, zur Ausbildung des Willens zur Lust beziehungsweise des Willens zur Macht kommt es jeweils erst dann, wenn der Wille zum Sinn frustriert wird, mit anderen Worten, das Lustprinzip ist nicht weniger als das Geltungsstreben eine neurotische Motivation. Und so läßt es sich denn auch verstehen, daß Freud und Adler, die ihre Befunde doch an Neurotikern erhoben hatten, die primäre Sinnorientierung des Menschen verkennen mußten.

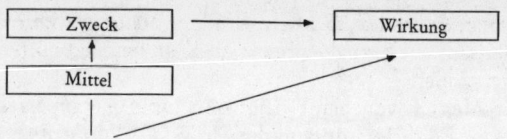

Heute aber leben wir nicht mehr wie zur Zeit von Freud in einem Zeitalter der sexuellen Frustration. Unser Zeitalter ist das einer existentiellen Frustration. Und zwar ist es im besonderen der junge Mensch, dessen Wille zum Sinn frustriert wird. „Was sagt der jungen Generation von heute", fragt Becky Leet, die Chefredakteurin einer von den Studenten der University of Georgia herausgegebenen Zeitung, „Freud oder Adler? Wir besitzen die Pille, die von den Folgen sexueller Erfüllung befreit – heute gibt es keinen medizinischen Grund mehr, sexuell gehemmt zu sein. Und wir besitzen Macht – wir brauchen nur einen Blick zu werfen auf die amerikanischen Politiker, die vor der jungen Generation zittern, und auf Chinas Rote Garden. Aber Frankl sagt, daß die Leute heute in einem existentiellen Vakuum leben und daß sich das existentielle Vakuum vor allem durch Langeweile manifestiert. Langeweile – klingt doch ganz anders, nicht wahr? Viel vertrauter, nicht wahr? Oder kennen Sie zuwenig Leute rings um Sie herum, die über Langeweile klagen – ungeachtet der Tatsache, daß sie nur die Hand ausstrecken müssen, um alles zu besitzen – einschließlich Freuds Sex und Adlers Macht?"

Tatsächlich wenden sich heute mehr und mehr Patienten an uns mit dem Gefühl einer inneren Leere, wie ich sie als „existentielles Vakuum" beschrieben und bezeichnet habe, mit dem Gefühl einer abgründigen Sinnlosigkeit ihres Daseins. Und es wäre verfehlt, anzunehmen, daß es sich um ein Phänomen handelt, das sich auf die westliche Welt beschränkt. Vielmehr haben zwei tschechoslowakische Psychiater, Stanislav Kratochvil und Osvald Vymetal, in einer Reihe von Publikationen ausdrücklich darauf aufmerksam gemacht, daß „diese Krankheit von heute, der Verlust des Lebenssinns, besonders bei der Jugend, ‚ohne Bewilligung' die Grenzen der kapitalistischen und der sozialistischen Gesellschaftsordnung überschreitet". Osvald Vymetal war es auch, der gelegentlich eines tschechoslowakischen Neurologenkongresses ex praesidio sich begeistert zu Pawlow bekannte und trotzdem erklärte, angesichts des existentiellen Vakuums finde der Seelenarzt mit einer nach Pawlow ausgerichteten Psychotherapie nicht mehr sein Auslangen. Und den Hinweis darauf, daß es bereits in den Entwicklungsländern zu beobachten ist, verdanken wir L. L. Klitzke („Students in Emerging Africa – Logotherapy in Tanzania", American Journal of Humanistic Psychology 9, 105, 1969) und Joseph L. Philbrick („A Cross-Cultural Study of Frankl's Theory of Meaning-in-Life").

Es ist eben so, wie Paul Polak es bereits 1947 vorausgesehen hatte, wenn er in einem Vortrag im Verein für Individualpsychologie meinte, „die Lösung der sozialen Frage würde die geistige Problematik erst eigentlich frei machen, sie erst eigentlich mobilisieren; der Mensch würde erst frei werden, sich selbst so richtig in Angriff zu nehmen, und würde das Problematische an sich selber, seine eigene Daseinsproblematik, so richtig erst erkennen." Und erst vor kurzem haute Ernst Bloch in dieselbe Kerbe, wenn er sagte: „Die Menschen bekommen jene Sorgen geschenkt, die sie sonst nur in der Todesstunde haben."

Soll ich kurz auf die Ursachen eingehen, die dem existentiellen Vakuum zugrunde liegen mögen, dann dürfte es auf zweierlei zurückzuführen sein: auf den Instinktverlust und auf den Traditionsverlust. Im Gegensatz zum Tier sagen dem Menschen keine Instinkte, was er *muß;* und dem Menschen von heute sagen keine Traditionen mehr, was er *soll;* und oft scheint er nicht mehr zu wissen, was er eigentlich *will.* Nur um so mehr ist er darauf aus, entweder nur das zu wollen, was die andern tun, oder nur das zu tun, was die andern wollen. In ersterem Falle haben wir es mit Konformismus zu tun, im letzteren mit Totalitarismus – der eine verbreitet in der westlichen Hemisphäre, der andere in der östlichen.

Aber nicht nur Konformismus und Totalitarismus gehören zu den Auswirkungen des existentiellen Vakuums, sondern auch Neurotizismus. Neben den psychogenen Neurosen, also den Neurosen im engeren Wortsinn, gibt es nämlich auch noogene Neurosen, wie ich sie genannt habe, das heißt Neurosen, bei denen es sich eigentlich weniger um eine seelische Krankheit als vielmehr um geistige Not handelt, und zwar nicht selten infolge eines abgründigen Sinnlosigkeitsgefühls. In den Vereinigten Staaten sind an einem psychiatrischen Forschungszentrum eigene Tests entwickelt worden, mit deren Hilfe sich die noogenen Neurosen diagnostisch differenzieren lassen. James C. Crumbaugh hat diesen seinen PIL-Test (PIL = Purpose In Life) in 1200 Fällen angewandt. Nachdem er die gewonnenen Daten unter

Zuhilfenahme eines Computers ausgewertet hatte, gelangte er zu dem Ergebnis, daß es sich bei der noogenen Neurose tatsächlich um ein neues Krankheitsbild handelt, das nicht nur diagnostisch, sondern auch therapeutisch den Rahmen der traditionellen Psychiatrie sprenge. Statistische Untersuchungen in Connecticut, Massachusetts, London, Tübingen, Würzburg, Polen und Wien haben übereinstimmend zu dem Ergebnis geführt, daß mit etwa 20 Prozent noogener Neurosen zu rechnen ist.

Wenn ich nun bezüglich der Verbreitung (nicht der noogenen Neurosen, sondern) des existentiellen Vakuums einen Hinweis geben darf, so betrifft er eine statistische Stichprobe, die ich vor Jahr und Tag unter den Hörern meiner Vorlesung an der Medizinischen Fakultät der Universität Wien gemacht habe; sie ergab, daß nicht weniger als 40 Prozent zugaben, das Sinnlosigkeitsgefühl aus eigenem Erleben zu kennen – 40 Prozent; unter meinen amerikanischen Hörern waren es nicht 40, sondern 81 Prozent.

Worauf mag dieses Gefälle zurückzuführen sein? Auf den Reduktionismus, der in den angelsächsischen Ländern das Geistesleben mehr als anderswo beherrscht. Der Reduktionismus verrät sich durch die Redewendung „nichts als". Selbstverständlich kennen wir ihn auch hierzulande – und nicht erst heute. Ist es doch nicht weniger als 50 Jahre her, daß mein Naturgeschichtsprofessor in seiner Mittelschulklasse auf und ab ging und dozierte: „Das Leben ist letzten Endes nichts anderes als ein Verbrennungsprozeß – ein Oxydationsvorgang." Woraufhin ich, ohne mich zum Wort zu melden, aufsprang und ihm leidenschaftlich die Frage ins Gesicht schleuderte: „Ja, was für einen Sinn hat denn dann das ganze Leben?" Zugegeben: im konkreten Falle verbirgt sich der Reduktionismus hinter einem – Oxydationismus...

Wir sollten aber bedenken, was es für einen jungen Menschen bedeutet, wenn zynisch erklärt wird, Werte seien „nothing but defense mechanisms and reaction formations" (nichts als Abwehrmechanismen und Reaktionsbildungen), wie es im American Journal of Psychotherapy heißt. Meine eigene Reaktion auf diese Reaktionsbildungstheorie war einmal die folgende: Was mich persönlich anlangt – nie und nimmer wäre ich bereit, um meiner Reaktionsbildungen willen zu leben oder gar meiner Abwehrmechanismen wegen zu sterben.

Ich möchte nicht mißverstanden werden. In „The Modes and Morals of Psychotherapy" wird uns folgende Definition angeboten: „Man is nothing but a biochemical mechanism, powered by a combustion system, which energizes computers." Nun, als Neurologe stehe ich dafür ein, daß es durchaus legitim ist, den Computer als ein Modell zu betrachten, sagen wir, für das Zentralnervensystem. Der Fehler liegt ja erst im nothing but, in der Behauptung, der Mensch sei *nichts als* ein Computer. Der Mensch *ist* ein Computer; aber er ist zugleich unendlich mehr als ein Computer. Daß sich die Werke eines Kant und eines Goethe letzten Endes aus denselben 26 Buchstaben des Alphabets zusammensetzen wie die Bücher der Courths-Mahler und der Marlitt, ist ja ebenfalls richtig. Aber darum ist es noch lange nicht wichtig. Vor allem läßt sich nicht sagen, die „Kritik der reinen Vernunft" sei ebenso wie „Das Geheimnis der alten Mamsell" nichts als eine Anhäufung ein und derselben 26 Lettern. Es wäre denn, wir besitzen eine Druckerei und nicht einen Verlag...

Im Rahmen seiner Dimension hat der Reduktionismus recht. Aber auch *nur* dort. Und das unidimensionale Denken ist eben sein Verhängnis. Vor allem bringt es ihn um die Chance, einen Sinn zu finden. Daß nämlich der Sinn einer Struktur über die Elemente hinausgeht, aus denen sie sich zusammensetzt, bedeutet letzten Endes, daß der Sinn in einer höheren Dimension lokalisiert ist, als es die Elemente sind. Auf diese Art und Weise kann es geschehen, daß sich der Sinn einer Reihe von Ereignissen nicht in der Dimension abbildet, in der die Ereignisse stattfinden. Die Ereignisse lassen dann einen Zusammenhang vermissen. Nehmen wir an, es handelt sich um Mutationen, so bilden sie sich als bloße Zufälle ab, und die ganze Evolution ist ebenfalls nichts als ein Zufall. Es kommt eben auf die Schnittebene an. Auch eine Sinuskurve, die von einer zu der Ebene, in der sie liegt, senkrecht stehenden Ebene geschnitten wird, hinterläßt in der Schnittebene nichts als 5 isolierte Punkte, die einen Zusammenhang vermissen lassen. Mit anderen Worten, was da verlorengeht, ist die Synopse, der Hinblick auf den je nachdem höheren oder tieferen Sinn der Ereignisse – die je nachdem über die Schnittebene hinausgehenden oder die untertauchenden Teile der Sinuskurve.

Um aber auf das Sinnlosigkeitsgefühl zurückzukommen: Sinn kann nicht gegeben werden. Sinn geben würde auf Moralisieren hinauslaufen. Und *die Moral im alten Sinne wird bald ausgespielt haben*. Über kurz oder lang werden wir nämlich nicht mehr moralisieren, sondern die Moral ontologisieren – gut und böse werden nicht definiert werden im Sinne von etwas, das wir tun sollen

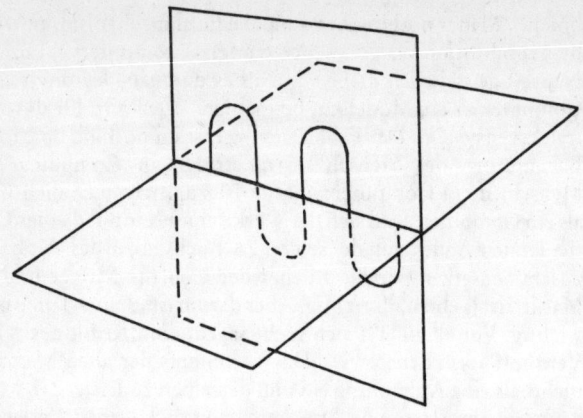

beziehungsweise nicht tun dürfen, sondern gut wird uns dünken, was die Erfüllung des einem Seienden aufgetragenen und abverlangten Sinnes fördert, und für böse werden wir halten, was solche Sinnerfüllung hemmt.

Sinn kann nicht gegeben, sondern muß gefunden werden. Einer Rorschach-Tafel wird ein Sinn gegeben – eine Sinngebung, auf Grund deren Subjektivität sich das Subjekt des (projektiven) Rorschach-Tests „entlarvt"; aber im Leben geht es nicht um Sinngebung, sondern um Sinnfindung. Das Leben ist kein Rorschach-Test, sondern ein Vexierbild. Und was ich den Willen zum Sinn nenne, läuft anscheinend auf ein Gestalterfassen hinaus (James C. Crumbaugh und Leonhard T. Maholick, The Case of Frankl's Will to Meaning, Journal of Existential Psychiatry 4, 42, 1963). Niemand Geringerer als Wertheimer schlägt in dieselbe Kerbe, wenn er von einem der jeweiligen Situation innewohnenden Forderungscharakter, ja von dem objektiven Charakter dieser Forderung spricht.

Sinn muß gefunden, kann aber nicht erzeugt werden. Was sich erzeugen läßt, ist entweder subjektiver Sinn, ein bloßes Sinngefühl, oder – Unsinn. Und so ist es denn auch verständlich, daß der Mensch, der nicht mehr imstande ist, in seinem Leben Sinn zu finden, ebensowenig aber auch, ihn zu erfinden, auf der Flucht vor dem Sinnlosigkeitsgefühl entweder Unsinn oder subjektiven Sinn erzeugt: während sich ersteres auf der Bühne – Absurdes Theater! – ereignet, geschieht letzteres im Rausch, im besonderen in dem durch LSD induzierten. In diesem Rausch geschieht es aber auch auf die Gefahr hin, daß am wahren Sinn, an den echten Aufgaben draußen in der Welt (im Gegensatz zu den bloß subjektiven Sinnerlebnissen in einem selbst) vorbeigelebt wird. Mich erinnert das immer an die Versuchstiere, denen kalifornische Forscher Elektroden in den Hypothalamus verpflanzt haben. Wann immer der Strom geschlossen wurde, erlebten die Tiere Befriedigung, sei es des Geschlechtstriebs, sei es des Nahrungstriebs; schließlich lernten sie es, den Strom selber zu schließen, und ignorierten dann die realen Geschlechtspartner und das reale Futter, das ihnen angeboten wurde.

Sinn muß aber nicht nur, sondern kann auch gefunden werden, und auf der Suche nach ihm leitet den Menschen das Gewissen. Mit einem Wort, das Gewissen ist ein Sinn-Organ. Es ließe sich definieren als die Fähigkeit, den einmaligen und einzigartigen Sinn, der in jeder Situation verborgen ist, aufzuspüren.

Aber das Gewissen kann den Menschen auch irreführen. Mehr noch: bis zum letzten Augenblick, bis zum letzten Atemzug weiß der Mensch nicht, ob er wirklich den Sinn seines Lebens erfüllt oder nicht vielmehr sich nur getäuscht hat: ignoramus et ignorabimus. Daß wir nicht einmal auf unserem Sterbebett wissen werden, ob das Sinn-Organ, unser Gewissen, nicht am Ende einer Sinn-Täuschung unterlegen ist, bedeutet aber auch schon, daß das Gewissen des andern recht gehabt haben mag. Aber Toleranz bedeutet nicht Indifferenz; denn den Glauben des Andersgläubigen respektieren heißt noch lange nicht sich mit dem andern Glauben identifizieren.

Wir leben im Zeitalter eines um sich greifenden Sinnlosigkeitsgefühls. In diesem unserem Zeitalter muß es sich die Erziehung angelegen sein lassen, nicht nur Wissen zu vermitteln, sondern auch das Gewissen zu verfeinern, so daß der Mensch hellhörig genug ist, um die jeder einzelnen Situation innewohnende Forderung herauszuhören. In einem Zeitalter, in dem die Zehn Gebote für so viele ihre Geltung zu verlieren scheinen, muß der Mensch instand gesetzt werden, die 10000 Gebote zu vernehmen, die in den 10000 Situationen verschlüsselt sind, mit denen ihn sein Leben konfrontiert. Dann wird ihm nicht nur ebendieses sein Leben wieder sinnvoll erscheinen, sondern er selbst wird dann auch immunisiert sein gegenüber Konformismus und Totalitarismus – diesen beiden Folgeerscheinungen des existentiellen Vakuums; denn ein waches Gewissen allein macht ihn „widerstands"-fähig, so daß er sich eben *nicht* dem Konformismus fügt und dem Totalitarismus beugt.

So oder so: mehr denn je ist Erziehung – Erziehung zur Verantwortung. Und verantwortlich sein heißt selektiv sein, wählerisch sein. Wir leben in einer affluent society, werden „reizüberflutet" von den mass media, und wir leben im Zeitalter der Pille. Wollen wir nicht in der Flut all dieser Reize, in einer totalen Promiskuität untergehen, dann müssen wir unterscheiden lernen, was wesentlich ist und was nicht, was Sinn hat und was nicht, was sich verantworten läßt und was nicht.

Meine Damen und Herren: ich spreche zu Ihnen nicht oder zumindest nicht *nur* als ein Philosoph, sondern als ein Psychiater. Kein Psychiater, kein Psychotherapeut – auch kein Logotherapeut – kann einem Kranken sagen, was der Sinn ist, sehr wohl aber, daß das Leben einen Sinn hat, ja – mehr als dies: daß es diesen Sinn auch behält, unter allen Bedingungen und Umständen, und zwar dank der Möglichkeit, noch im Leiden einen Sinn zu finden, das Leiden auf der menschlichen Ebene in eine Leistung zu transfigurieren – mit einem Wort, Zeugnis abzulegen von etwas, dessen der Mensch fähig ist, eben noch im Scheitern ... Oder mit anderen Worten – mit den Worten von Lou Salomé, die sie Sigmund Freud schrieb, als er „mit der Existenz auf Kündigung nicht zurechtkam": Es kommt darauf an, daß jemandes „Art, für uns alle mitzuleiden, uns zum Zeichen wird dessen, was man vermag".

Tatsächlich geht der Logotherapeut nicht moralistisch, sondern phänomenologisch vor. Und tatsächlich fällen wir keine Werturteile über irgendwelche Tatsachen, sondern machen Tatsachenfeststellungen über das Werterleben des schlichten und einfachen Menschen – er ist es, der immer schon darum weiß, was für eine Bewandtnis es hat mit dem Sinn des Lebens, der Arbeit, der Liebe, und, last but not least, des tapfer durchgestandenen Leidens. Und wenn dem wirklich so ist, wie Paul Polak behauptet: daß die Logotherapie in ihrer Theorie das Selbstverständnis des schlichten und einfachen Menschen in die wissenschaftliche Sprache übersetzt – dann ließe sich sagen, daß sie in ihrer Praxis ihr Wissen um die genannten Möglichkeiten, im Leben einen Sinn zu finden, eben wieder in die Sprache des Menschen im Alltag zurückübersetzen muß. Um es zu wiederholen: Die Phänomenologie übersetzt dieses Grundwissen in die wissenschaftliche Sprache, und die Logotherapie übersetzt nun das solcherart Erlernte wieder zurück in die Sprache des Mannes von der Straße, und dies ist sehr wohl möglich.

Professor Farnsworth von der Harvard University hielt einmal vor der American Medical Association einen Vortrag, in dem er ausführte: „Medicine is now confronted with the task of enlarging its function. In a period of crisis such as we are now experiencing, physicians must of necessity indulge in philosophy. The great sickness of our age is aimlessness, boredom, lack of meaning and purpose." Solcherart werden an den Arzt heute Fragen herangetragen, die eigentlich nicht medizinischer, sondern philosophischer Natur sind und auf die er kaum vorbereitet ist. Es wenden sich Patienten an den Psychiater, weil sie am Sinn ihres Lebens zweifeln oder gar daran verzweifeln, einen Lebenssinn überhaupt zu finden. Es hieße nur einen Rat von Kant befolgen, gedächten wir, die Philosophie als eine Medizin anzuwenden. Wenn sie perhorresziert wird, dann liegt der Verdacht nahe, daß es aus der Angst heraus geschieht, mit dem eigenen existentiellen Vakuum konfrontiert zu werden.

Selbstverständlich: Irgendwie kann man auch Arzt sein, ohne sich um dergleichen zu scheren; aber dann gilt, was in analogen Zusammenhängen Paul Dubois gemeint hat: daß man sich dann nämlich vom Tierarzt nur mehr noch durch eines unterscheidet – durch die Klientel.

Die Problematik psychiatrischer Aufklärung

... coacervat nec scit quis percipiat ea.

In einem Bericht über seine Studienreise nach den Vereinigten Staaten von Amerika schreibt der Marburger Psychiater Professor Villinger, die dort herrschende Neigung zur Popularisierung und zur Propagierung wissenschaftlicher Forschungsergebnisse werde der eine mehr für einen Vorzug, ein anderer aber eher für einen Schönheitsfehler ansehen. Nun, ich möchte diesbezüglich einen vermittelnden Vorschlag machen, so zwar, daß ich sage: die Propaganda mag sehr wohl ein Vorzug sein; die Popularisierungstendenz jedoch halte ich für einen Schönheitsfehler. Während nämlich die Propaganda beispielsweise psychohygienisches oder psychotherapeutisches Wissen effektiv ins Volk hineinträgt und solcherart in die Breite wirksam macht, läßt es sich nicht leugnen, daß die Popularisierung der Psychotherapie selber nicht immer Psychotherapie ist, also nicht immer psychotherapeutisch wirken muß. Bevor ich dazu übergehe, dies im einzelnen aufzuzeigen und nachzuweisen, möchte ich bezüglich wissenschaftlicher Aufklärung im allgemeinen jemanden zitieren, dessen Wissenschaftlichkeit ebenso über jeden Zweifel erhaben ist wie sein Rekord hinsichtlich der Anzahl von Versuchen, seine Lehre zu popularisieren: ich denke an Albert Einstein, und zwar im besonderen an ein Wort von ihm, demzufolge dem Wissenschaftler nur die Wahl bleibe, entweder verständlich und oberflächlich zu schreiben oder aber gründlich und unverständlich[1].

Kehren wir aber zum besonderen Thema psychotherapeutischer Aufklärung zurück, so ergibt sich, daß die Gefahr des Unverständlichen nicht einmal die größte Gefahr ist, die da allen Popularisierungsbestrebungen droht; größer als die Gefahr des Unverständnisses ist vielmehr die von Mißverständnissen. So hat etwa Dr. Binger, der Verantwortliche für die psychische Hygiene

---

[1] Hierbei sehe ich davon noch ab, daß die Wissenschaftler, die verständlich zu schreiben versuchen, für gewöhnlich den Fehler begehen, daß sie abstrakt bleiben und nicht konkret werden, daß sie nicht kasuistisch vorgehen.

in New York, darüber geklagt, daß man vor dem Mißverstandenwerden auch dann nicht sicher ist, wenn man wirklich gute Vorträge hält; er selbst z. B. habe im Radio einen Vortrag über die sogenannte psychosomatische Medizin gehalten und am darauffolgenden Tage einen Brief erhalten, in welchem ihn jemand fragte, wo man ein Fläschchen psychosomatische Medizin zu kaufen bekomme.

Nun, ich muß gestehen, daß ich keineswegs davon überzeugt bin, daß das Wissen um irgendwelche Krankheiten unter allen Umständen auch etwas Heilsames darstellt. Im Gegenteil, ich könnte mir sehr wohl vorstellen, daß es sich sogar schädlich auswirkt. Ich möchte in diesem Zusammenhang nur daran erinnern, wie die Verhältnisse beispielsweise bei einer Blutdruckmessung liegen: nehmen wir an, ich messe einem Patienten den Blutdruck und stelle dabei fest, daß der Druck leicht erhöht ist; wenn ich nun auf die bange Frage des Kranken: Herr Doktor, wie sieht es mit meinem Blutdruck aus? erkläre, daß er sich nicht zu ängstigen braucht, daß hierzu kein Grund vorliegt – lüge ich meinen Patienten dann an? Ich behaupte nun, daß dies nicht der Fall ist. Denn mein Kranker wird auf meine beruhigende Mitteilung hin erleichtert aufatmen und etwa seinerseits erklären: Gott sei Dank – wissen Sie, Herr Doktor, ich habe nämlich schon gefürchtet, mich könnte der Schlag treffen. Und sobald sich diese ängstliche Erwartung gegeben hat, wird der Blutdruck des Patienten auch wirklich normal sein. Was wäre aber im umgekehrten Fall geschehen – wenn ich dem Kranken die Wahrheit gesagt hätte? Es wäre bei dieser Wahrheit gar nicht geblieben, es wäre nämlich gar nicht bei der leichten Druckerhöhung geblieben, sondern der nunmehr erst recht besorgte und ängstlich gemachte Patient hätte, auf meine Eröffnung hin, sofort mit einer wesentlichen Erhöhung seines Blutdruckes reagiert.

Oder denken wir an die Popularisierung statistischer Forschungsergebnisse; ich bin überzeugt davon, wenn man auf Grund einer Statistik feststellen würde, daß soundso viele Männer ihre Frauen betrügen – und dergleichen ist ja im Rahmen einer großzügigen statistischen Erhebung tatsächlich geschehen –, wenn man solches feststellen und diese Feststellung allgemein bekanntmachen würde – ich bin überzeugt davon, daß es auch in diesem Fall gar nicht dabei bliebe, nicht beim festgesetzten Prozentsatz untreuer Männer; sondern der durchschnittliche Mann wird sich gewiß nicht denken: es ist ein Skandal, daß die

Majorität der Männer so ist (so wie er selbst) und von heute an bin ich meiner Frau treu – schon um die Minorität der Anständigen zu stärken und zu stützen. Sondern der durchschnittliche Mann wird sich einfach denken: nun, ich bin eben auch kein Heiliger und brauche nicht besser zu sein als der Durchschnitt – und diese Erwägung wird vielleicht das nächste Mal, bei der erstbesten Gelegenheit einer Versuchung, die an ihn herantritt, in die Waagschale seiner Entscheidung fallen. Mag sein, daß all dies sich vergleichen ließe mit der bekannten These des Physikers Heisenberg, daß die Beobachtung eines Elektrons immer auch schon eine Beeinflussung mit sich bringt: Analoges gilt in unserem Zusammenhang, und ich möchte variierend zu behaupten wagen, daß z. B. die Mitteilung einer statistischen Wahrheit immer auch schon eine Beeinflussung derjenigen bedeutet, die von der betreffenden Statistik erfaßt wurden, also letzten Endes zu einer Verfälschung der Wahrheit führt.

In Amerika, wo die Popularisierung gerade der Tiefenpsychologie, der Psychoanalyse, Ausmaße angenommen hat, von denen sich der Mitteleuropäer kaum einen Begriff machen kann, zeigen sich bereits die Schattenseiten. So konnte man kürzlich lesen – in einer fachärztlichen Zeitschrift! –, daß jene sogenannten freien Einfälle, auf deren Produktion bekanntlich die psychoanalytische Behandlungsmethode basiert, vielfach längst nicht mehr „frei" sind, zumindest nicht so frei, als daß sie noch dem Arzt irgendwelche Aufschlüsse über das Unbewußte des Patienten geben könnten: viel zu sehr weiß der Kranke beiläufig darum, „wo" der Psychoanalytiker „hinaus will", und zwar weiß er darum von den vielen Büchern her, die sich mit Psychoanalyse und derartigen Lieblingsthemen der dortigen Leserschaft befassen – und von Unbefangenheit und Vorurteilslosigkeit kann keine Rede mehr sein[2].

---

[2] Vgl. Emil A. Gutheil (New York): „In solchen Fällen bringen die Patienten oft vorgedachtes assoziatives Material, das dazu bestimmt ist, dem Analytiker einen Gefallen zu tun. Je mehr sich die Analyse verbreitet und ihre Grundbegriffe Allgemeingut werden, um so mißtrauischer darf man bezüglich der sogenannten ‚freien' Assoziationen sein. Heutzutage kann man nur wenigen Patienten trauen, daß ihre Assoziationen wirklich spontan erfolgen. Die meisten Assoziationen, die der Patient in einer längeren Behandlung produziert, sind alles eher als ‚frei'; vielfach sind sie darauf berechnet, dem Analytiker bestimmte Ideen zu übermitteln, von denen der Patient annimmt, daß sie dem Analytiker willkommen sein werden. Dies erklärt den Umstand, daß man in von gewissen Analytikern veröffentlichten Krankenberichten so viel Material findet, das die Ideen des Therapeuten zu bestätigen

Der durchschnittliche Leser kennt die wichtigsten Komplexe[3]. Was er jedoch nicht weiß, das ist: daß solche Komplexe oder die Konflikte oder die sogenannten traumatischen Erlebnisse, also seelischen Verletzungen sozusagen, am Entstehen der Neurosen letzten Endes gar nicht so beteiligt sind, wie er annimmt. Um dies zu illustrieren, möchte ich nur darauf hinweisen, daß ich einer Ärztin meiner Abteilung den Auftrag gegeben habe, wahllos, also auslesefrei, die zufällig letzten 10 Fälle von Neurose, die in unserer ambulanten Behandlung standen, auf alle erschütternden Erlebnisse hin auszufragen. Daraufhin wurden, ebenso wahllos und auslesefrei, 10 weitere Patienten, und zwar solche, welche wegen organischer Nervenkrankheiten in unserer Abteilung lagen, gleichsam durchkämmt – mit dem erstaunlichen Resultat, daß diese seelisch gesund Gebliebenen nicht nur ähnliche (auch ähnlich schwere) Erlebnisse durchgemacht hatten wie die ersten zehn, sondern daß sie diese Erlebnisse sogar in einer weitaus größeren Anzahl gehabt hatten, aber eben überwinden konnten, ohne neurotisch zu erkranken.

Es besteht also ganz und gar kein Grund, irgendwie fatalistisch zu sein: eine fatalistische Einstellung hinsichtlicher vergangener Erlebnisse, auch schwerer Erlebnisse, ein solcher Fatalismus wäre nämlich seinerseits neurotisch, wäre selber ein neurotisches Symptom. Denn es ist typisch neurotisch, sich auf seine Komplexe oder auf seinen Charakter auszureden und so zu tun, als ob man sich von sich selbst alles gefallen lassen müßte. Aber beim

---

scheint. Die Patienten von Adlerianern haben anscheinend nur Machtprobleme, und ihre Konflikte scheinen ausschließlich durch ihren Ehrgeiz, ihr Streben nach Überlegenheit und dgl. bedingt zu sein. Die Patienten von Anhängern Jungs überfluten ihre Ärzte mit Archetypen und allerhand anagogischem Symbolismen. Die Freudianer hören den Kastrationskomplex, das Trauma der Geburt und ähnliches von ihren Patienten bestätigt. Nur wenige Einfälle des Patienten sind nicht im voraus durchdacht und verfälscht" (Aktive Psychoanalyse, in: Handbuch der Neurosenlehre und Psychotherapie, herausgegeben von V. E. Frankl, V. E. v. Gebsattel und J. H. Schultz).

[3] Der amerikanische Psychiater G. R. Forrer erwähnt beispielsweise den Fall einer Dame, die einen 3 Jahre alten Sohn hatte, in dessen Gegenwart keine Schere gebraucht werden durfte – „weil kleine Knaben sich davor fürchten, kastriert zu werden" (The Psychiatric Quarterly 28, 126, 1954).

Vgl. W. G. Eliasberg (New York): „Die Gewissensfrage ist, ob wir nicht vielleicht zuviel Psychologie haben. Gemeint ist natürlich Psychologismus. Etwas von diesem Psychologismus macht sich in Amerika breit, nämlich das Suchen von Komplexen, Trieben, Emotionen und Interessen hinter allem und jedem Menschlichen" (Schweizer Archiv für Neurologie und Psychiatrie 62, 113, 1948).

Neurotiker ist es typischerweise eben so: was er an sich selbst feststellt – auf das legt er sich immer auch schon fest; was er in sich vorfindet – damit findet er sich immer auch schon ab. Spricht er beispielsweise von seiner Willensschwäche, so vergißt er, daß nicht nur gilt: wo ein Wille ist, dort ist auch ein Weg – sondern es gilt mehr als dies, es gilt nämlich auch: wo ein Ziel ist, dort ist auch ein Wille. Sobald jedoch ein Neurotiker von seinen Charakterzügen, überhaupt von seinem Charakter nur redet, redet er sich auf diesen Charakter auch schon aus. Aber wie sollte einer, der sein Schicksal für besiegelt hält, es besiegen können?

Das ist es, warum wir gegen den neurotischen Fatalismus auftreten müssen, in einem damit aber auch gegen eine Art, psychiatrische Forschungsergebnisse zu popularisieren, die nur Schaden stiften kann. Wie vielen Patienten begegnen wir doch, deren neurotische Erkrankung dadurch überhaupt erst entstanden ist, daß sie auf irgendwelche an sich harmlose nervöse Beschwerden mit der Befürchtung reagieren, sie könnten entweder das Symptom oder ein Prodrom, also entweder das Anzeichen oder ein Vorzeichen, drohender ernstlicher Krankheiten darstellen. Und zu solchen Befürchtungen findet der Laie immer wieder Anlaß in einer medizinischen bzw. psychiatrischen Volksbildung, die auf eine gefährliche Halbbildung hinausläuft.

Heutzutage, wo es nachgerade zum guten Ton des Journalismus gehört, mit psychiatrischen Fachausdrücken nur so herumzuwerfen, heutzutage kann auch der Film nicht zurückstehen, und so kommt es denn, daß er sich mit der Psychoanalyse, mit Fällen von Bewußtseinsspaltung und Gedächtnisverlust befaßt – zumindest aber damit, was er sich unter Psychoanalyse usw. vorstellt. In Wirklichkeit werden dabei eben nur allzu unnötige Befürchtungen gezüchtet. So mußte sich jede konsequent denkende Frau, die sich den Film „Die Schlangengrube" angesehen hatte, nachher fragen: Ja, hat meine Mutter nicht auch mich einmal zu spät gestillt, oder hat nicht auch mein Vater einmal meine Puppe zertreten – kurz: bin nicht auch ich seelisch so verletzt worden wie die Heldin im Film in ihrer Kindheit? Zwar weiß ich nichts davon; aber auch ihr war es ja so lange unbewußt geblieben, bis der Psychoanalytiker es ihr bewußtzumachen vermochte! Und so mochte eine wirklich konsequent denkende Frau das Kino verlassen in der Sorge, selber ebenfalls in einer Schlangengrube, in einem Gitterbett zu landen. Dabei handelt es sich bei derartigen Befürchtungen im allgemeinen um Zwangsbefürchtungen, und gerade derjenige, der zu solchen Zwangsvorstellungen neigt, ist gegen eine Erkrankung an eigentlichen Geistesstörungen geradezu gefeit.

Es ist hier nicht der Ort, in künstlerischer Beziehung an einem Film Kritik zu üben; aber es muß gesagt werden, daß zwar keineswegs alles, aber immerhin manches von dem, was der Film „Die Schlangengrube" an psychiatrischen Informationen verzapft, eine Irreführung bedeutet – um nicht zu sagen einen Schlangengrubenhund... Und um zu schweigen von jenen Filmen, die so weit gehen, daß sie beispielsweise den Selbstmord, kombiniert mit einem Euthanasiemord, als der Weisheit letzten Schluß hinstellen. Semper aliquid haeret, sagt der Lateiner; immer bleibt etwas haften, und immer fällt es dann eines Tages in die Waagschale einer Entscheidung. Und es wäre zu wünschen, daß sich die Verantwortlichen der Filmproduktion dessen bewußt werden, daß jeder Meter Film, den sie drehen, einen Eingriff in die Massenpsyche darstellt, und jede Filmvorführung, ob man will oder nicht, eine psychologische Massenordination. Niemand mache es sich einfach – niemand rede sich darauf aus, daß Dinge wie die jeweils zeitgenössische Film- und Buchproduktion doch nur Symptome seien, bloße Krankheitszeichen der Zeit. Denn es bleibt uns unbenommen, dafür Sorge zu tragen, *daß der Film und das Buch, daß die Zeitung und der Rundfunk,* kurz, daß alles, was die Masse beeindruckt und beeinflußt, *nicht Krankheitszeichen bleibt, sondern Heilmittel wird.*

Psychoanalyse und Individualpsychologie

Die Psychoanalyse, die Lehre von Sigmund Freud, ist – im Gegensatz zu einer unter Laien verbreiteten Ansicht – nur eine bestimmte Schule der modernen Psychotherapie (d.h. der seelischen Krankenbehandlung) – freilich nicht nur eine, sondern die erste. Als solche haben wir sie auch zuerst zu besprechen.

Fragen wir uns, was das Anliegen der Psychoanalyse war, so wäre zu sagen: Freud fragte nach dem Sinn jener seelischen Krankheitszeichen, die man als hysterisch bezeichnet. Und er stellte fest, daß diese Symptome tatsächlich einen Sinn haben, daß dieser Sinn jedoch unbewußt ist, also vom Kranken selber gar nicht verstanden wird. Aber dieser Sinn ist nicht etwa unbewußt so, wie auch etwas Vergessenes unbewußt ist: er wurde nicht vergessen, sondern verdrängt, ins Unbewußte abgedrängt, vom Bewußtsein ausgeschaltet und ferngehalten. Des weiteren glaubte Freud feststellen zu können, daß der Inhalt solcher unbewußten, verdrängten Erlebnisse letzten Endes mit dem Geschlechtsleben zusammenhängt. Ja, diese Tatsache war – nach Freud – überhaupt der Grund, aus dem es zur Verdrängung der betreffenden Erlebnisse kam. Allerdings müssen wir im Auge behalten, daß der Begriff „Sexualtrieb" von der Psychoanalyse in einem weiten Sinne verstanden wird und schließlich mehr oder minder für Triebhaftigkeit oder Lebensenergie steht.

Freud hat nun gezeigt, daß das, was einer Verdrängung zum Opfer gefallen ist, beispielsweise in den Träumen wieder zum Vorschein, zum Bewußtsein kommt: aber es geschieht dies in veränderter, und zwar in symbolischer Form. Die Vorstellungen oder Strebungen können sich sozusagen nur getarnt, nur unter der Maske des Symbols, ans Licht des Bewußtseins wagen. Mit anderen Worten, das Bewußtsein und das Unbewußtsein gehen miteinander gleichsam einen Kompromiß ein. Nun, einen solchen Kompromiß stellt nach Freud auch die Neurose dar, z.B. eine Zwangsvorstellung. Auch ihr liegt, der psychoanalytischen

Lehre zufolge, ein verdrängter Triebimpuls zugrunde, der in larvierter Form, eben in der Maskerade einer absonderlichen Zwangsidee, im Bewußtsein des Patienten auftritt. Die psychoanalytische Behandlung aber hat die Aufgabe, durch eine Aufhebung der Verdrängung und durch ein Wiederbewußtmachen unbewußter Vorgänge die *Befreiung* von der Neurose herbeizuführen.

Aus der psychoanalytischen Schule ist auch eine zweite bedeutsame Richtung hervorgegangen – ebenfalls auf Wiener Boden –, die sogenannte Individualpsychologie von Alfred Adler. Dieser Gelehrte ging in seinen Forschungen aus von dem, was er Organminderwertigkeit nannte und worunter er eine angeborene, anlagemäßige Minderwertigkeit von Organen verstand. Alsbald beobachtete er nun, daß eine solche körperliche Minderwertigkeit auch im Bereich des Seelischen sich auswirkt und zu dem führt, was die Individualpsychologie mit dem allgemein bekanntgewordenen Ausdruck Minderwertigkeitsgefühl bezeichnet. Nun aber eröffnete sich für Alfred Adler eine interessante Perspektive: er konnte nachweisen, daß auch andere Umstände, außer der Organminderwertigkeit, ein Minderwertigkeitsgefühl zu erzeugen vermögen, und zwar schon in frühester Kindheit: z. B. allgemeine Kränklichkeit, allgemeine Schwächlichkeit und vor allem wirkliche oder auch nur vermeintliche Häßlichkeit. Nun, ein gewisses Ausmaß an Minderwertigkeitsgefühl hat nach den Lehren der Individualpsychologie eigentlich jeder Mensch: er hat es als Mensch, das heißt als jenes Wesen, das in seinen frühesten Lebensstadien viel mehr als etwa die Tiere auf die Hilfe der anderen, der Erwachsenen, der Eltern durchaus angewiesen ist. Aber das normale Minderwertigkeitsgefühl des normalen Kindes wird wettgemacht, wird ausgeglichen oder, wie es die Individualpsychologie nennt, kompensiert durch ein natürliches Streben nach Sicherung, und zwar im Rahmen der menschlichen Gemeinschaft.

Anders beim abnormen Minderwertigkeitsgefühl, beim vertieften Minderwertigkeitsgefühl der kränklichen, schwächlichen oder häßlichen Kinder: hier genügt keine Kompensation, sondern hier bedarf es der sogenannten Überkompensation. Tatsächlich wissen wir alle aus Erfahrung, daß gerade jene Menschen, die sich besonders unsicher fühlen, sich auch besonders hervorzutun pflegen – sei es nun, daß sie dies durch besondere Leistungen versuchen, dabei innerhalb der Gemeinschaft verbleiben und dieser Gemeinschaft besonders nützlich werden – sei es, daß sie sich gegen die Gemeinschaft stellen und den übrigen Menschen nur imponieren wollen, also ihr Minderwertigkeitsgefühl durch den bloßen Schein der Überlegenheit zu kompensieren trachten. Alfred Adler hat nun gemeint, daß auch alle neurotischen Erkrankungen, also das, was er selbst in einem Buchtitel den nervösen Charakter nennt, auf eine derartige verfehlte Überkompensation eines vertieften Minderwertigkeitsgefühls zurückzuführen sei. Und die Therapie? Nun, die Individualpsychologie bemüht sich in solchen Fällen, das übertriebene Geltungsstreben dieser selbstunsicheren nervösen Menschen an der Wurzel anzugreifen, indem sie solchen Menschen erstens bewußtmacht, was dahintersteckt, nämlich ihr uneingestandenes Minderwertigkeitsgefühl, und zweitens indem sie diese Menschen lehrt, dieses Minderwertigkeitsgefühl zu überwinden, mit einem Wort, indem sie sie ermutigt und in die menschliche Gemeinschaft zurückführt.

Die moderne Seelenheilkunde ist nun in ihrer Entwicklung nicht stehengeblieben, sondern hat auch andere Methoden seelenärztlicher Behandlung auf den Plan gerufen. Ich erinnere nur an die Richtung von C. G. Jung, dem berühmten Schweizer Psychologen, der ein Schüler Sigmund Freuds war, sich aber frühzeitig von seinem Lehrer trennte und eigene Wege der Forschung beschritt – die ihn beispielsweise zu der Entdeckung führten, daß in den unbewußten Schichten sowohl des gesunden als auch des kranken Menschen nicht nur sexuelle Symbole anzutreffen sind, sondern auch Symbole, denen wir in fernen und fremden Kulturkreisen begegnen bzw. in den entsprechenden Religionen.

Auf all dies soll und kann hier nicht näher eingegangen werden. Für um so wichtiger halte ich es, darauf hinzuweisen, wie sehr die Lehre von Sigmund Freud, also *die Psychoanalyse* immer weniger verleugnen konnte, daß sie durchaus *ein Kind ihrer Zeit* war. Wir wissen: heute ist sie mehr denn je ins breite Publikum gedrungen – während sie zur Zeit, als Freud seine großen Entdeckungen machte, auf den größten Widerstand auf seiten der Öffentlichkeit stieß – und auf seiten der Zünftigen, der Kliniker, wohl erst recht. Aber weder von dieser ihrer Breitenwirkung, welche die Psychoanalyse heute entfaltet, noch von unserer Ehrfurcht vor der Genialität eines Sigmund Freud, ihres Begründers, dürfen wir unser Urteil trüben lassen. Schließlich verehren wir auch einen Hippokrates und einen Paracelsus heute noch, ohne uns darum bemüßigt zu sehen oder für verpflichtet zu halten, nach den Lehren dieser beiden großen Ärzte zu rezeptieren oder gar zu operieren. Und so müssen wir uns auch eingestehen, daß Sigmund Freud zutiefst dem Naturalismus seiner Epoche verhaftet war. Das heißt, er sah im Menschen letztlich nur ein Naturwesen, übersah aber die Geistnatur des Menschen. Gewiß: der Mensch hat auch Triebe; aber sein Eigentlichstes läßt sich unmöglich von diesen Trieben herleiten, und Dinge wie der Geist, die Person, das Ich können unmöglich auf Triebe zurückgeführt werden.

Freud sah richtig, aber er sah nicht alles, sondern er verallgemeinerte bloß, was er gesehen hatte. Ein Röntgenologe sieht auch richtig, wenn er –im Rahmen eines Schirmbildes – den Menschen so sieht, als ob es sich nicht um einen Menschen, sondern nur um das Skelett eines Menschen handeln würde. Aber keinem Röntgenologen wird es einfallen, zu behaupten, der Mensch bestehe nur aus Knochen. Sondern er wird sich sagen: im Röntgenbild sehe ich zwar nur Knochen, aber in Wirklichkeit gibt es auch andere Gewebe. Ja, es gilt sogar mehr als dies, es gilt nämlich folgendes: Wann immer beim lebenden Menschen ein Knochen außerhalb des Röntgenbildes zum Vorschein kommt, ist dieser Mensch auch schon nicht mehr heil, sondern es handelt sich um einen offenen Knochenbruch.

Nun, ähnlich steht es mit der Psychoanalyse: der Mensch hat Triebe; aber wann immer desintegrierte Triebhaftigkeit beim Menschen zutage tritt, ist der Mensch ebenfalls nicht mehr heil, sondern es handelt sich hierbei bereits um einen Sonderfall, um den Fall eines Menschen, der sich – wie schon die Sprache verrät – von seinen Trieben treiben läßt. Von diesem Sonderfall her dürfte man aber niemals ein Menschenbild zu konstruieren wagen oder gar, wie Freud es getan hat, von der Triebhaftigkeit her die gesamte menschliche Kultur erklären wollen. –

Jede Zeit hat ihre Neurosen, und jede Zeit braucht ihre Psychotherapie. Und so hat man denn auch nachgewiesen, wie die Freudsche Psychoanalyse so recht dem viktorianischen Zeitalter und dem Zeitalter der Plüschkultur entsprach – einer Zeitepoche also, in der man einerseits prüde und andererseits lüstern war. Damals galt es wahrlich, speziell der sexuellen Unaufrichtigkeit der damaligen Gesellschaft die Maske abzureißen und den Spiegel vorzuhalten. Heute aber sind die Nöte der Zeit andere, und so hat es denn die Psychotherapie von heute weniger mit dem sexuellen Unbefriedigtsein der Menschen zu tun, sondern mit ihrer existentiellen Unerfülltheit: mit der Sehnsucht der Menschen nach einem Lebensziel und Daseinszweck, nach einer konkreten Aufgabe und einem persönlichen Auftrag – mit einem Wort: mit dem Ringen um einen Daseinssinn[1].

Nietzsche hat einmal gesagt: „Wer ein Warum zu leben hat, erträgt fast jedes Wie." Das heißt: wer um einen Sinn seines Lebens weiß, dem verhilft dieses Bewußtsein mehr als alles andere dazu, äußere Schwierigkeiten und innere Beschwerden zu überwinden. Daraus ergibt sich, wie wichtig es auch vom therapeutischen Gesichtspunkt aus wäre, dem Menschen zur Sinnfindung in seinem Dasein zu verhelfen, ja überhaupt erst das in ihm schlummernde Verlangen nach einer Sinngebung zu wecken. Freilich: dazu bedürfte es eines anderen Menschenbildes als desjenigen, das den alten Schulen der Seelenheilkunde vorschwebte. Denn die Psychoanalyse hat uns kennengelehrt den *Willen zur Lust*, als welchen wir das Lustprinzip auffassen können, und die Individualpsychologie hat uns vertraut gemacht mit dem Willen zur Macht in Form des Geltungsstrebens; aber in Wahrheit ist der Mensch zutiefst durchwaltet von einem *Willen zum Sinn*. Und die Praxis – nicht nur in den Ordinationen und Ambulanzen, sondern in den äußersten „Grenzsituationen" der Bombentrichter und Bombenkeller, der Kriegsgefangenenlager und Konzentrationslager – diese Praxis, sie hat uns gezeigt, daß nur eines den Menschen instand setzt, das Ärgste zu tragen und das Letzte zu leisten, und dieses eine ist der Appell eben an den Willen zum Sinn und an das Wissen darum, daß der Mensch für der Erfüllung dieses seines Lebenssinns verantwortlich ist.

[1] Nicht weniger als durch das sogenannte Minderwertigkeitsgefühl kann der Mensch seelisch krank werden durch ein solches *Sinnlosigkeitsgefühl*. Dann leidet er nicht an dem Gefühl, daß er selbst wenig Wert hat, sondern daß sein Sein keinen Sinn hat.

Die fatalistische Einstellung

Der zweite Vortrag über Psychotherapie, den ich im gleichen Rahmen gehalten habe, ist ausgeklungen in die Forderung nach Verantwortungsbewußtsein. Und ich habe zu zeigen versucht, daß alles seelenärztliche Tun letzten Endes darauf abzielen müßte, den Kranken zur Verantwortungsfreude zu erziehen. Was uns indessen an unseren neurotischen Patienten immer wieder auffällt, ist gerade das Gegenteil: nämlich Scheu vor der Verantwortung – Furcht vor der Verantwortung. Schon die Sprache belehrt uns darüber, daß der Mensch zur Verantwortung „gezogen" werden muß – es scheint also eine Kraft dazusein, die ihn vor der Verantwortung fliehen läßt. Was ist es nun, das dem Menschen diese „Fliehkraft" gibt? Es ist der Aberglaube an die Macht des Schicksals – des äußeren wie des inneren: an die Macht der äußeren Umstände und der inneren Zustände. Mit einem Wort, es ist der Fatalismus, von dem diese Menschen durchdrungen sind – diese seelisch kranken Menschen, aber nicht nur sie, sondern auch scheinbar gesunde Menschen, ja bis zu einem gewissen Grade die Menschen von heute überhaupt.

Gewiß: man könnte nun sagen, daß dies ein neurotischer Zug an der heutigen Menschheit ist. Und insofern könnte man mit Recht auch von einer *Pathologie des Zeitgeistes* sprechen – innerhalb deren Rahmen der Fatalismus, die Schicksalsgläubigkeit, eines der Symptome darstellen würde. Dennoch halte ich dafür, daß das heutige Gerede von einer „Zeitkrankheit" oder dergleichen eben bloßes Gerede ist – unverbindlich in seinen Voraussetzungen und irreführend in seinen Schlußfolgerungen. Mit einem Wort, dieses Gerede ist ebenso unwissenschaftlich wie gewissenlos.

Sollte die Zeitkrankheit gar identisch sein mit dem, worum sich alle Psychotherapie bemüht, mit der Neurose? Sollte die Zeit an Nervosität erkrankt sein? Tatsächlich gibt es ein Buch – der

Autor heißt F. C. Weinke –, das den Titel führt: Der nervöse Zustand, das Siechthum unserer Zeit. Das Buch ist in Wien erschienen, und zwar bei J. G. Heubner im Jahre 53 – aber nicht 1953, sondern 1853. Siechtum wurde noch mit h geschrieben. Wir sehen, mit der Zeitgemäßheit der Neurose ist es nicht allzuweit her: nicht nur unsere Zeitgenossen sind nervös!

Nun, eine der trivialsten und banalsten unter solchen „Zeitdiagnosen" läuft auf die Behauptung hinaus, es sei *das Tempo* unserer Tage, das den Menschen so krank mache. So hat denn niemand Geringerer als der bekannte Soziologe Hendrik de Man erklärt: „Das Tempo läßt sich nicht ungestraft über eine gewisse Grenze hinaus beschleunigen."

Ist diese Behauptung wahr? Nun, daß der Mensch eine Steigerung des Tempos etwa seiner maschinellen Fortbewegung nicht vertragen würde, daß er somit dem technischen Fortschritt nicht gewachsen sei – das ist keine neue, dafür aber eine falsche Prophezeiung: als im vorigen Jahrhundert die ersten Eisenbahnen ausfuhren, haben es medizinische Kapazitäten für unmöglich gehalten, daß der Mensch die mit einer Eisenbahnfahrt verbundene Beschleunigung aushalten könne, ohne zu erkranken. Und bis vor wenigen Jahren noch hegte man Zweifel daran, ob es gesundheitlich möglich sei, im Flugzeug mit Überschallgeschwindigkeit zu fliegen. Wir sehen – das heißt: jetzt sehen wir es – jetzt, nachdem sich diese Prophezeiungen und Skeptizismen als falsch erwiesen haben –, jetzt sehen wir es, wie recht Dostojewski hatte, als er einmal den Menschen als jenes Wesen definierte, das sich an alles gewöhnt.

Als Ursache der „Zeitkrankheit", überhaupt als Krankheitsursache, kommt das zeitgenössische Tempo also keineswegs in Betracht. Ich möchte sogar zu behaupten wagen: das beschleunigte Tempo des Lebens von heute stellt eher einen Selbstheilungsversuch dar – wenn auch einen mißglückten Selbstheilungsversuch. Tatsächlich läßt sich das rasende Lebenstempo ohne weiteres verstehen, wenn wir es als einen Versuch der Selbstbetäubung auffassen: der Mensch ist auf der Flucht vor einer inneren Öde und Leere, und auf dieser Flucht stürzt er sich eben in einen Trubel. Der große französische Psychiater Janet hat bei jenen neurotischen Menschen, die er als Psychastheniker bezeichnet hat, ein von ihm so benanntes sentiment de vide beschrieben, will heißen ein Gefühl der Inhaltslosigkeit und Leere. Nun, dieses Leeregefühl gibt es auch in einem übertragenen

Sinne, und zwar meine ich das Gefühl existentieller Leere, das Gefühl der Ziel- und Inhaltslosigkeit des Daseins.

Daß sich ein solches Gefühl heutzutage nicht weniger Menschen bemächtigt, ist klar, sobald wir uns bloß daran erinnern, was ich in meinem zweiten Vortrag über die Zeitbedingtheit der Psychoanalyse gesagt habe: ich erwähnte, damals, daß seinerzeit, zur Zeit von Sigmund Freud, die sexuelle Problematik im Vordergrund stand – während heute dem Menschen weniger das sexuelle Unbefriedigtsein zum Problem wird als vielmehr die existentielle Unerfülltheit oder, wenn ich mich des Ausdrucks der amerikanischen Psychiater bedienen darf, eine Frustration, und zwar eine Frustration dessen, was ich das letztemal den Willen zum Sinn genannt habe. Und jetzt verstehen wir: das Tempo dient dem Menschen von heute dazu, die Frustration, das Unbefriedigtsein, die Unerfülltheit seines Willens zum Sinn, zu betäuben. Denn der Mensch von heute erlebt vielfach das, was sich vielleicht am treffendsten durch ein paar Worte aus dem „Egmont" von Goethe kennzeichnen läßt. Kaum weiß er, woher er kam – geschweige denn, wohin es geht. Und man könnte hinzufügen: Je weniger er es weiß, je weniger er um so etwas wie einen Sinn des Daseins und ein Ziel seines Weges weiß – nur um so mehr beschleunigt er das Tempo, in dem er diesen Weg durcheilt.

Nun, außer der Anschuldigung, daß das Tempo die Ursache von geistigem Notstand sei, findet sich auch eine weitere Charakterisierung der vieldiagnostizierten „Zeitkrankheit": so spricht man etwa von unserem Jahrhundert als einem Jahrhundert der Furcht („The Age of Anxiety"), oder es wird – um einen bekannten Buchtitel anzuführen – „Die Angst als abendländische Krankheit" hingestellt. Auch all dem muß entgegengetreten werden. Ich möchte nur darauf hinweisen, worauf zwei amerikanische Forscher im American Journal of Psychiatry aufmerksam gemacht haben: daß nämlich frühere Zeiten, beispielsweise die Zeitalter der Sklaverei, der Religionskriege, der Hexenverbrennungen, der Völkerwanderungen oder der großen Epidemien – daß all diese „guten alten Zeiten" wohl auch nicht angstfreier waren als unsere Zeit.

Mit Recht hat Joachim Bodamer, ein deutscher Psychiater, einmal gesagt: Sofern der Mensch von heute an Angst leidet, ist diese Angst eine Angst vor der Langeweile. Daß diese Langeweile tödlich sein kann, wissen wir ebenfalls: der Heidelberger

Internist Professor Plügge hat gezeigt, daß den von ihm untersuchten Fällen, in denen ein Selbstmord versucht worden war, als Motiv keineswegs Krankheit oder wirtschaftliche Not, berufliche oder anderweitige Konflikte zugrunde lagen, vielmehr erstaunlicherweise eines: maßlose Langeweile – also die Unerfülltheit menschlicher Sehnsucht nach einem gültigen Lebensinhalt! Und so sehen wir denn auch, wie recht Karl Bednarik haben mag, wenn er einmal schreibt: Aus dem Problem des materiellen Elends der Massen ist das Problem des Wohlstandes geworden, das Problem der Muße. Im besonderen Zusammenhang mit dem Neurosenproblem jedoch hat der Wiener Nervenarzt Paul Polak schon vor Jahren darauf hingewiesen, daß man sich nicht der Illusion hingeben möge, mit der Lösung der sozialen Fragen würden sich auch die neurotischen Erkrankungen von selbst geben – das Gegenteil sei richtig: erst wenn die sozialen Fragen gelöst sind, werden die existentiellen nur um so mehr aufbrechen im Bewußtsein des Menschen – „die Lösung der sozialen Frage würde die geistige Problematik erst eigentlich frei machen, sie erst eigentlich mobilisieren; der Mensch würde erst frei werden, sich selbst so richtig in Angriff zu nehmen, und würde das Problematische an sich selber, seine eigene Daseinsproblematik, so richtig erst erkennen".

Die Neurosen haben nicht zugenommen, sondern sind, was ihre Häufigkeit anbelangt, Jahrzehnte hindurch gleich geblieben, und unter den Neurosen haben die Angstneurosen sogar abgenommen (J. Hirschmann). Das klinische *Bild* der Neurosen hat sich also gewandelt, die *Symptomatologie* ist eine andere geworden; aber, sofern dem so ist, tritt die Angst eher zurück. Ähnliches sehen wir ja auch bei den Psychosen (H. Kranz), also nicht nur bei den Neurosen. So hat sich gezeigt, daß die melancholisch erkrankten Menschen heutzutage seltener daran leiden, daß sie sich schuldig fühlen, im besonderen vor Gott schuldig, sondern im Vordergrund steht die Sorge um ihre leibliche Gesundheit, also ein hypochondrisches Syndrom, und die Sorge um den Arbeitsplatz und die Arbeitsfähigkeit: diese sind die Themen der heutigen Melancholie (A. v. Orelli) – vermutlich aber nur deshalb, weil sie – nicht Gott und Schuld, sondern Gesundheit und Arbeit – die Anliegen des heutigen Durchschnittsmenschen sind.

Es kann also gar nicht die Rede davon sein, daß die Häufigkeit neurotischer Erkrankungen heutzutage zugenommen habe; was allein zugenommen hat, ist vielmehr etwas anderes: *das psycho-*

therapeutische Bedürfnis, das heißt das Bedürfnis der Massen, sich in ihrer seelischen und geistigen Not an den Nervenarzt zu wenden. Aber hinter diesem psychotherapeutischen Bedürfnis steht wohl wieder etwas anderes, und zwar das alte und ewige metaphysische Bedürfnis des Menschen.

Von einer Zunahme der Neurosen im streng klinischen Wortsinn – nicht im weitesten, in einem übertragenen Sinne, nämlich in dem von kollektiven Neurosen, wie ich sie bezeichnen möchte, sondern wie gesagt von einer Zunahme der Neurosen im streng klinischen Wortsinn – kann aber nicht die Rede sein.

Der Prozentsatz der Psychosen bleibt sogar erstaunlich konstant. Was Schwankungen unterliegt, ist einzig und allein die Zahl der Anstaltsaufnahmen. Das hat aber auch seine guten Gründe. Wenn z. B. an der Wiener Anstalt am Steinhof im Jahre 1931 mit über 5000 Aufnahmen der Höchstzahl (in mehr als 40 Jahren) erreicht wurde, wohingegen im Jahre 1942 mit beiläufig 2000 Aufnahmen der tiefste Stand, so ist dies sehr leicht zu erklären: in den 30er Jahren, zur Zeit der Weltwirtschaftskrise, wurden die Patienten von ihren Angehörigen aus begreiflichen wirtschaftlichen Erwägungen heraus möglichst lange in der Anstalt belassen, ja die Patienten selber waren vielfach froh, dort ein Dach über dem Kopf und etwas Warmes im Magen zu haben. Anders unter Hitler: aus ebenso begreiflicher, begründeter Furcht vor dem Euthanasiertwerden wurden die Kranken möglichst bald nach Hause geholt bzw. möglichst früh entlassen – oder aber womöglich gar nicht erst in geschlossene Anstaltspflege abgegeben.

Nicht weniger falsch sind ähnliche Ansichten, die über Selbstmorde verbreitet sind. Es dürfte so manchen überraschen, aber es ist so: daß die Selbstmordkurve, soweit sie überhaupt Schwankungen zeigt, in Zeiten wirtschaftlichen Elends, aber auch zur Zeit politischer Krisen – abflaut. Diese Tatsache – auf welche etwa die Forscher Durkheim und Höffding hingewiesen haben – hat sich auch jüngst bestätigt: nicht nur, daß ausgerechnet jene Länder, die sich der längsten Friedenszeiten erfreuen durften, den europäischen Rekord an Selbstmordhäufigkeit aufweisen; sondern einer anderen Statistik, veröffentlicht durch Dr. Zigeuner, ist zu entnehmen, daß in Graz bzw. der Steiermark die Selbstmordkurve in den Jahren 1946–1947 einen Tiefstand aufwies – also just zu einer Zeit besonderer Senkung des Lebensstandards der Bevölkerung.

Wie ist das zu erklären? Meiner Ansicht nach wohl am besten durch ein Gleichnis: ich habe mir einmal sagen lassen, daß ein Gewölbe, das baufällig geworden ist, dadurch gestützt und gefestigt werden kann – paradoxerweise dadurch –, *daß man es belastet*. Nicht unähnlich ergeht es dem Menschen: mit den äußeren Schwierigkeiten wächst anscheinend seine innere Widerstandskraft[1].

Voraussetzung ist – darauf habe ich bereits das letzte Mal hingewiesen –, daß er „ein Warum zu leben hat": nur dann „erträgt er fast jedes Wie", um nochmals Nietzsche zu zitieren. Insofern müssen wir eine seelische Gefährdung des Menschen von heute in der ganzen Art und Weise erblicken, wie er zum Faktum der Atombombe Stellung nimmt. Gerade der Nervenarzt ist heute vielfach Zeuge, wie die Menschen in eine eigentümliche Lebenseinstellung hineinschlittern, die ich nicht anders bezeichnen kann denn als provisorische Daseinshaltung. Nur bedingt, nur auf Abruf leben solche Menschen; sie hören auf, auf weite Sicht zu planen, zielbewußt ihr Leben aufzubauen und einzurichten. Das tun sie nicht; sondern sie berufen sich darauf, daß ja die Atombombe kommt und dann doch ohnehin alles sinnlos ist. Sie sagen zwar nicht „après moi le déluge", nach mit die Sintflut, aber sie denken sich, nach mir die Atombombe – und sogleich ist ihnen alles gleichgültig. Es ist klar, wie verderblich sich eine solche unernste, eben provisorische Daseinshaltung auf die Dauer und in der Masse auswirken muß. Wissen wir doch das eine: wenn überhaupt etwas, so ist es ja gerade das Zielbewußtsein, ist es gerade das Gefühl, eine Aufgabe zu haben, das allein den Menschen in den Stand setzt, selbst unter schwierigsten Bedingungen und äußeren Umständen innerlich aufrecht zu bleiben. Und so jenen Mächten der Zeit zu trotzen, die nur dem Kleinmütigen so übermächtig und so schicksalhaft erscheinen.

---

[1] Siehe auch H. Schulte, der von der „als Begleiterscheinung aller soziologischen Notstände ganz allgemein bekannten geringen Häufigkeit von Ehescheidungen, von Selbstmorden, Suchtleiden und behandlungsbedürftiger Neurosen" spricht (Gesundheit und Wohlfahrt, Jahrgang 1952, Seite 78); analoge Hinweise finden sich bei E. Menninger-Lerchenthal (Das europäische Selbstmordproblem, Wien 1947, Seite 37) hinsichtlich der Selbstmorde in politisch erregten Zeiten und bei J. Hirschmann.

Das provisorische Dasein

Das letzte Mal, in meinem dritten Vortrag über Psychotherapie, habe ich die Frage angeschnitten, ob überhaupt und, wenn ja, in welchem Sinne es berechtigt sein mag, von einer Pathologie des Zeitgeistes zu sprechen. Mehr als das: ich habe damals auch schon dem vorgegriffen, wovon heute die Rede sein soll, und zwar insofern, als ich ein Hauptsymptom der „Zeit-Geisteskrankheit" ausführlich besprochen habe, nämlich den Fatalismus, den Aberglauben an die Macht des Schicksals, während ich ein zweites Symptom nur angedeutet habe: die provisorische Daseinshaltung.

Erinnern wir uns nur daran, wie provisorisch der Mensch im Krieg gelebt hat, will heißen, wie sehr er in den Tag hinein gelebt hat oder von einem Tag auf den andern, und zwar schon deshalb, weil er niemals wissen konnte, ob er eben diesen „andern Tag" überhaupt noch erleben wird. Das stand ja keinesfalls fest, weder an der Front, im Bombentrichter noch im sogenannten Hinterland, also im Bombenkeller, noch im Feindesland, im Kriegsgefangenenlager, noch im Konzentrationslager; nirgends war man seines Lebens, war man des Weiterlebens, des Überlebens sicher. Und so schlitterte man denn in die provisorische Daseinshaltung hinein – lebte, wie gesagt, in den Tag hinein.

Der Mensch nun, der in den Tag hinein lebt, lebt immer auch aus dem Trieb heraus. So ist es denn auch zu verstehen, daß man etwa im Liebesleben ebenfalls darauf verzichtet hat, auf weite Sicht hin ein lebenswürdiges Leben, ein menschenwürdiges Liebesleben aufzubauen, sondern nur darauf bedacht war, den Augenblick auszukosten und sich nur ja nichts entgehen zu lassen. Viele später zerrüttete Ehen, eben typische Kriegsehen, wurden nur aus solcher Einstellung heraus geschlossen. Für die betreffenden Partner war das Geschlechtsleben genau das, was es nicht sein sollte: bloßes Mittel zum Zweck, und zwar zum Zweck des Lustgewinns – während es normalerweise – und

43

idealerweise – ein Ausdrucksmittel sein soll, der Ausdruck jener Verbundenheit, die man Liebe nennt.

Nun, die provisorische Daseinshaltung sind wir noch nicht los; nach wie vor ist der Mensch von heute durch sie beherrscht, ja es bemächtigt sich seiner eine Art Atombombenphobie. Der Mensch von heute lebt anscheinend überhaupt nur noch im Hinblick, in ständigem Hinschielen auf die künftige Atombombe. Er erwartet sie ängstlich. Aber diese Erwartungsangst, wie wir Kliniker sie nennen, hindert ihn an einem zielbewußten Leben. Der Mensch beginnt eben provisorisch dahinzuleben, ohne zu merken, was er alles dabei versäumt – daß er dabei alles versäumt. Er vergißt, wie sehr Bismarck recht hatte, als er einmal sagte: Im Leben ergeht es einem so wie beim Zahnarzt: immer glaubt man, das Eigentliche kommt erst, und inzwischen ist es schon vorbei. Wie unrecht hat doch der Mensch, der solcherart eingestellt ist! Denn selbst wenn es zur planetarischen Katastrophe eines dritten Weltkrieges kommen sollte, selbst dann ist unser aller tägliches und stündliches Bemühen niemals vergeblich.

Im letzten Weltkrieg haben wir genug schwierige Situationen erlebt, und in ihnen Menschen stehend, die wohl kaum damit rechnen konnten, mit heiler Haut davonzukommen, und trotzdem: trotz diesem Bewußtsein, dem Tod gegenübergestellt zu sein – versuchten diese Menschen, das Ihrige zu leisten, ihre Aufgabe zu erfüllen. Nicht einmal die tödliche Bedrohung im Konzentrationslager – um nur diese eine Grenzsituation in die Debatte zu ziehen –, nicht einmal diese tödliche Bedrohung ließ die Menschen in ihrer Situation, im Lagerleben, nur ein Provisorium oder eine bloße Episode sehen: für sie war dieses Leben eher eine Bewährungsprobe, ja es wurde vielfach zum Höhepunkt ihres Daseins, nämlich zum Anlaß höchsten Aufschwunges. Denken wir doch bloß an ein Wort von Hebbel, das da lautet: Das Leben ist niemals etwas, sondern immer nur die Gelegenheit zu etwas. Haben wir aber die uns gestellte Aufgabe einmal erfüllt, so braucht uns nicht mehr bange zu sein; denn wenn wir Laotse glauben dürfen, dann heißt eine Aufgabe erfüllt haben – ewig sein.

Den Taten, die wir setzen, wird selten ein Denkmal gesetzt, und niemals bleibt ein Denkmal ewig stehen. Aber jede Tat ist ihr eigenes Denkmal! Und nicht nur was wir getan, sondern auch all das, was wir jemals erlebt haben, „kann keine Macht der Welt uns rauben", wie der Dichter sagt. *Nichts läßt sich aus der Welt schaffen,* was einmal geschehen ist; *kommt nicht alles nur um so mehr darauf an, daß es in die Welt geschafft wird?* Mag es auch noch so vergänglich sein – gerade *in der Vergangenheit ist es aufbewahrt,* ist es vor der Vergänglichkeit bewahrt und *hineingerettet ins Vergangensein.* Im Vergangensein ist nämlich *nichts unwiederbringlich verloren,* vielmehr *alles unverlierbar geborgen. Für gewöhnlich sieht der Mensch nur das Stoppelfeld der Vergänglichkeit; was er übersieht, sind die vollen Scheunen des Vergangenseins.*

Die provisorische Daseinshaltung ist in keiner Situation gerechtfertigt. Nicht einmal angesichts des herannahenden Todes wird das Leben sinnlos. Selbst in diesem Falle ist dem Menschen eine Aufgabe gestellt, eine ganz konkrete, allerpersönlichste Aufgabe, und sei es nur, daß es darum ginge, *das rechte, aufrechte Leiden echten Schicksals zu leisten.* Anhand eines Beispiels möchte ich dies belegen: Eine äußerst fleißige Krankenschwester erkrankt an einem Krebs, der sich bei der versuchsweisen Operation als nicht entfernbar erweist. Kurze Zeit vor ihrem Tod besuche ich sie und finde sie im Zustand äußerster Verzweiflung vor. Sie leidet, mehr noch als an allem andern, darunter, daß sie jetzt ihren über alles geliebten Beruf nicht ausüben kann. Was hätte ich dieser nur allzu begreiflichen Verzweiflung gegenüber sagen sollen? War doch die Situation dieser Schwester einfach aussichtslos. Dennoch versuchte ich, ihr folgendes klarzumachen: Daß sie acht oder weiß Gott wieviel Stunden im Tag arbeitet, ist noch keine Kunst – das kann ihr bald jemand nachmachen; aber so arbeitswillig zu sein wie sie und dabei arbeitsunfähig und trotzdem nicht zu verzweifeln – das wäre eine Leistung, die ihr nicht so bald jemand nachmachen könnte. Und, so fragte ich sie, begehen Sie denn nicht ein Unrecht an all jenen Tausenden von Kranken, denen Sie als Krankenschwester doch Ihr Leben geweiht haben – begehen Sie kein Unrecht, wenn Sie jetzt so tun, als ob das Leben eines kranken oder siechen, also arbeitsunfähigen Menschen sinnlos wäre? Sobald Sie in Ihrer Situation verzweifeln, tun Sie so, als ob der Sinn eines Menschenlebens damit stünde und fiele, daß der Mensch soundso viele Stunden arbeitet. Damit aber würden Sie allen Kranken und Siechen jedes Lebensrecht und alle Daseinsberechtigung absprechen. In Wirklichkeit haben Sie aber gerade jetzt eine einmalige Chance: während Sie bisher all diesen Menschen gegenüber, die Ihnen anvertraut waren, nicht *mehr* leisten konnten als dienstlichen Beistand, haben Sie nunmehr die Chance, mehr zu sein: menschliches Vorbild.

In diesem Falle zeigt sich übrigens eines: wie sehr alle Verzweiflung letzten Endes in einer Vergötzung besteht, in der Verabsolutisierung eines einzigen Wertes, im alleinigen Geltenlassen einer einzigen Sinnmöglichkeit, im konkreten Falle: der Arbeitsfähigkeit, also eines gewiß relativen Wertes und keineswegs der einzigen Möglichkeit, dem Dasein einen Sinn zu verleihen.

Soviel zur Frage der provisorischen Daseinshaltung, darüber hinaus aber auch der Möglichkeit, unter allen Bedingungen und Umständen, in jeder Situation des Lebens, selbst noch in der äußersten Grenzsituation, eine Aufgabe und damit im Dasein einen Sinn zu sehen, und sei es auch nur darin, wie wir eine schwierige Situation auf uns nehmen. Sobald wir dessen eingedenk bleiben, *daß das Leben niemals wirklich sinnlos werden kann,* will heißen, daß zuletzt und zumindest das Leiden eine Sinnmöglichkeit in sich birgt – sobald wir dessen eingedenk bleiben, wird es uns unmöglich werden, uns dem Dasein gegenüber provisorisch einzustellen. Und auch die Atombombe wird uns nicht in lähmenden Schrecken versetzen, sondern nur um so mehr dazu anspornen, alles daran zu setzen, was in jedes einzelnen Kräften steht, um zu verhindern, daß sie jemals angewandt werde. Hierzu aber gehört vor allem eines. Ich sprach vorhin im klinischen Jargon von der Atombombenphobie als einer Erwartungsangstneurose. Vergessen wir nun nicht, daß es im Wesen der Erwartungsangst liegt, daß sie das, wovor sich einer ängstigt, überhaupt erst wahr macht. Wer sich beispielsweise vor dem Erröten fürchtet, wird gerade durch diese Furcht auch schon rot. So gilt es denn, aller Panikmache und jeder kollektiven Katastrophenangst möglichst entgegenzutreten. Dazu bedarf es aber auch des Wissens darum, wie es, psychologisch gesehen, überhaupt so weit kommen konnte, daß wir uns heute mit einer Erscheinung wie der Atombombenphobie befassen müssen. Unser nächster Vortrag, der sich mit einem weiteren sozusagen kollektivneurotischen Symptom zu beschäftigen hat, nämlich mit dem Fanatismus – dieser Vortrag soll über diese psychologische Frage Auskunft geben.

Masse und Führer

In den beiden letzten Vorträgen, die ich über Psychotherapie gehalten habe, wurde je ein Symptom der Pathologie des Zeitgeistes besprochen: das erste war der Fatalismus – das zweite das, was ich als provisorische Daseinshaltung bezeichnet habe. Nun, in gewissem Sinne ergänzen diese beiden Symptome einander, stellt das eine Symptom das Gegenstück zum andern vor. Denn bei näherem Zusehen ergibt sich, daß sich der Fatalist auf den Standpunkt stellt: es ist nicht möglich, zu handeln, sein Schicksal in die Hand zu nehmen; denn dieses Schicksal ist übermächtig. Während sich so der fatalistisch Eingestellte fortwährend vorsagt, ein Handeln sei nicht möglich, denkt sich der provisorisch Eingestellte: ein Handeln ist auch ganz und gar nicht nötig; denn wir wissen nicht, was morgen los sein wird. Auf die Zukunft hin zu handeln, zu planen, zielbewußt zu leben – all dies erscheint ihm unnötig und unsinnig, und es liegt ihm nur an einem: in den Tag hinein zu leben.

Heute kommen wir zu einem weiteren, dem dritten Symptom, das sich aus der kollektiven Neurose herausstellen läßt – sofern wir überhaupt das Recht haben, den Neurosenbegriff aufs Kollektiv zu übertragen (inwiefern wir hierzu berechtigt sind, haben wir ja bereits einmal besprochen). Dieses dritte Symptom nun ist *das kollektivistische Denken*, das sich seit Jahr und Tag in zunehmendem Maße breitmacht. Aber hier heißt es aufpassen, und zwar darauf, daß wir unter kollektivistischem Denken oder, allgemeiner gesprochen, unter Kollektivismus auch das Richtige verstehen. Ich möchte nämlich davor warnen – und man kann es nicht genug tun –, daß wir das Stammwort: Kollektiv im Worte Kollektivismus durch Gemeinschaft oder auch nur Gesellschaft übersetzen. Damit würden wir das Gegenteil von dem treffen, was wir im Auge haben, nämlich die Masse.

Der Unterschied zwischen Gesellschaft oder gar Gemeinschaft einerseits und andererseits Masse kann nicht genug hervorgehoben werden. In erster Linie bezieht sich die hierbei mögliche Unterscheidung gerade auf das, was uns in unserem thematischen Zusammenhang am meisten interessiert: auf das Verhältnis beider, der Gemeinschaft wie der Masse, zur Persönlichkeit des Menschen, besser gesagt: zu seiner Personalität – seinem Personsein. Und diesbezüglich zeigt sich nun, daß etwa die Gemeinschaft sehr wohl einzelner Persönlichkeiten bedarf – wie denn auch umgekehrt jede Persönlichkeit der Gemeinschaft bedarf, um in deren Rahmen und erst und nur im Rahmen einer Gemeinschaft sich selber erfüllen zu können, also um ganz Person sein zu dürfen. Ganz anders steht es jedoch um die Masse: in der Masse kann keine menschliche Persönlichkeit, ja nicht einmal so etwas wie die bloße Individualität eines Menschen, jemals so recht zur Geltung kommen und sich entfalten. Aber auch die Masse verzichtet gerne auf die Persönlichkeit, ja durch die Persönlichkeit wird die Masse eigentlich nur gestört. Darum bekämpft die Masse Persönlichkeiten, unterdrückt sie, beraubt sie die Persönlichkeiten ihrer Freiheit, beschneidet sie diese Freiheit zugunsten einer Gleichheit: die Individualitäten werden eingeebnet, und der Persönlichkeiten geht man im Sinne einer Nivellierungstendenz verlustig: dies ist, in der Masse, das Schicksal der persönlichen Freiheit – um einer möglichst unpersönlichen Gleichheit willen; was aber wird jeweils aus dem Dritten, an das wir in diesem Zusammenhang zu denken pflegen: was wird aus der Brüderlichkeit? Nun, die degeneriert, sie entartet zum bloßen Herdeninstinkt.

Wie kommt nun der Mensch, der Durchschnittsmensch von heute, der durch die neurotischen Symptome der heutigen Menschheit gekennzeichnet, um nicht zu sagen, gezeichnet ist, wie kommt nun der Mensch von heute dazu, der kollektivistischen Denkungsart zu verfallen? Dies geschieht hauptsächlich deshalb, weil er verantwortungsscheu ist, und die Verantwortung ist immer eine höchst persönliche. Wieder war es der Krieg, war es im besondern das Militär, bei dem der Mensch es gelernt hat, es hat erlernen müssen, sich treiben zu lassen, sich schieben zu lassen, wie solche Menschen sich selbst auszudrücken pflegen. Immer galt es, ja um keinen Preis aufzufallen, vielmehr um jeden Preis unterzutauchen, in der Masse aufzugehen. Und dies ist es, was man auch heute noch allgemein will: man möchte in der Masse aufgehen. Aber was tut man dann wirklich? *Man geht in der Masse nicht auf, sondern unter.* Man gibt sich auf, sich als personales Wesen.

Denn – und das dürfen wir niemals vergessen – die Masse, ja auch die Gemeinschaft ist kein personales Wesen. Aber nur Personen haben Freiheit, und nur Personen haben Verantwortung. So können denn auch nur Personen, auf Grund ihrer freien Entscheidungen und verantwortlichen Handlungen, Schuld haben oder Verdienste haben, je nachdem. Niemals aber könnte das wesentlich unpersönliche Kollektiv eine Schuld auf sich geladen haben, und so etwas wie die sogenannte Kollektivschuld kann es daher von vornherein nicht geben. Wer pauschal, wer kollektiv urteilt bzw. wer ein Kollektiv verurteilt, der versucht nur, es sich bequem zu machen, und vor allem versucht er eines: sich selbst der Verantwortung zu entheben – jener Verantwortlichkeit, die mit allem Urteilen oder gar Aburteilen verbunden ist.

Fragen wir nunmehr darnach, welche Menschentypen es denn sind, die, anscheinend aus ihrem ganzen Charakter heraus, zu solchen Verallgemeinerungen neigen, so gelangen wir auch schon zum vierten und letzten Symptom, das wir im Zusammenhang einer Pathologie des Zeitgeistes zu besprechen hätten, nämlich zum Fanatismus. Zum vorhin besprochenen Kollektivismus verhält sich der Fanatismus wieder wie ein Gegenstück: Während der kollektivistisch Denkende seine eigene Personalität vergißt, übersieht der fanatisch Eingestellte das Personsein des andern, des anders Denkenden. Läßt er doch ein anderes Denken nicht gelten. Was er allein gelten läßt, ist nicht die Ansicht eines andern, sondern nur die eigene Meinung. Aber nicht einmal die hat der Fanatiker: er hat gar keine eigene Meinung, sondern die öffentliche Meinung hat ihn. Und dies ist es auch, was den Fanatismus so gefährlich macht: daß sich die öffentliche Meinung so leicht der Fanatiker bemächtigt – zugleich aber auch, daß sich einzelne Menschen so leicht der öffentlichen Meinung bemächtigen können! Diese einzelnen Menschen sind nämlich die Regierenden oder, besser gesagt, ein Regierender, ein Führer. So ist es denn zu verstehen, was Hitler einmal in einem Tischgespräch ausgerufen haben soll: Was für ein Glück für die Regierenden, daß die Menschen nicht denken, sondern sich alles vordenken lassen.

Die fanatischen Charaktertypen sind ja den Psychiatern nichts Unbekanntes und Ungewohntes. So hat das norwegische Justizministerium vor Jahren eigens eine Psychiaterkommission eingesetzt, der es oblag, nicht weniger als 60 000 ehemalige Quisling-anhänger zu psychiatrieren. Und was stellte sich hierbei heraus? Zum Beispiel, daß der Prozentsatz von Paralytikern, Paranoikern und paranoiden Psychopathen unter diesen Fanatikern zweieinhalbmal so groß war wie der entsprechende Prozentsatz unter der norwegischen Durchschnittsbevölkerung. Wir sehen, daß es weniger darauf ankommt, was neuerdings so oft verlangt wird: nämlich daß man Politiker regelmäßigen psychiatrischen Untersuchungen unterzieht. Abgesehen von der fraglichen Durchführbarkeit solcher Forderungen kämen derartige Psychiatrierungen zu spät. Denn man hätte, schon früher, rechtzeitig, diejenigen psychiatrieren müssen, mit deren Hilfe und auf deren Rücken erst die betreffenden Politiker bis zu ihrer späteren Führerschaft aufsteigen konnten.

Kehren wir nun zum Fanatismus zurück, und erinnern wir uns daran, daß wir vom Fanatiker behauptet haben, er ignoriere das Personsein, also die Entscheidungsfreiheit und Menschenwürde, des andern, so fällt uns ein weiterer Ausspruch von Hitler ein, der nämlich einmal gesagt hat, die Politik sei ein Spiel, in welchem jeder Trick erlaubt ist. Tatsächlich ist meines Erachtens nichts so kennzeichnend für den Fanatiker wie gerade der Umstand, daß für ihn alles zum bloßen Trick, zu einem bloßen Mittel zum Zweck wird. Seine Ansicht geht dahin, *daß der Zweck die Mittel heilige.* In Wirklichkeit ist es wohl so, *daß es umgekehrt auch Mittel gibt, die den Zweck entweihen können.* Und es gibt auch etwas, das niemals zum bloßen Mittel gemacht und entwürdigt werden dürfte. Kant hat darum genau gewußt: darum, daß es der Mensch sei, der niemals zu einem bloßen Mittel zum Zweck degradiert werden darf! Dies aber geschieht immer wieder, und zwar in der fanatischen Politik, die auch vor dem Menschen nicht haltmacht, sondern den Menschen ganz und gar einspannt in ihre politischen Zielsetzungen. Dadurch, durch solche fanatische Politik, wird der Mensch verpolitisiert – während das Gegenteil so wichtig wäre: daß die Politik vermenschlicht werde.

Die öffentliche Meinung, von der vorhin die Rede war und von der gesagt wurde, sie bemächtige sich so sehr der fanatisierten Menschen – diese öffentliche Meinung kristallisiert sich gleichsam aus in Form von Schlagworten. Sie, die Schlagworte, lösen, sobald sie einmal in die Masse geworfen werden, eine Art Kettenreaktion aus – *eine psychologische Kettenreaktion,* die weitaus gefährlicher ist als jene physikalische Kettenreaktion, die dem Mechanismus der Atombombe zugrunde liegt. Denn dieser Mechanismus, diese Kettenreaktion, könnte niemals abschnurren, wenn nicht die psychologische Kettenreaktion ihr vorangegangen wäre, wenn nicht eine Masse, der Massenmensch, sozusagen getroffen worden wäre vom Schlagwort.

Und so verstehen wir denn auch, wie recht Karl Kraus hatte mit seinem Wort: Wenn die Menschheit keine Phrasen hätte, brauchte sie keine Waffen. Was im besonderen die Atombombenwaffe anbelangt, so hat Einstein den Nagel auf den Kopf getroffen: „Das Problem ist nicht die Atombombe – das Problem ist das Herz des Menschen."

So wären wir am Ende unserer Besprechung gewissermaßen kollektiv-neurotischer Symptome bzw. einer Pathologie des Zeitgeistes angelangt. Bildlich, aber auch nur bildlich, könnte man in diesem Zusammenhang ohne weiteres auch von einer psychischen Epidemie sprechen, und zwar insbesondere bezüglich des Fanatismus. Was die psychischen Epidemien im Gegensatz zu den somatischen auszeichnet, ist bloß eines, das aber macht ihre besondere Bedrohlichkeit aus: die psychischen Epidemien sind nämlich nicht nur, wie die somatischen, eine mehr oder minder notwendige Kriegsfolge, sondern leider auch eine mögliche Kriegsursache. Aus diesem Grunde muß ihre Bekämpfung das vordringlichste Anliegen einer psychischen Hygiene sein!

Fragen wir uns nun, wie sehr diese kollektiv-neurotischen Symptome verbreitet sind. Ich habe diesbezüglich meine Mitarbeiter veranlaßt, eine Stichprobe zu machen an im streng klinischen Sinne nicht neurotischen Personen, indem letzteren Testfragen vorgelegt wurden. Und zwar lautete die Testfrage auf das erste Symptom, also auf *provisorische Daseinshaltung:* Sind Sie der Ansicht, daß es eigentlich nicht dafür steht, zu handeln und das Schicksal in die Hand zu nehmen, wo doch schließlich die Atombombe platzt und alles sinnlos ist? Die Testfrage auf das zweite Symptom, also auf *fatalistische Lebenseinstellung,* lautete: Glauben Sie, daß der Mensch letzten Endes nichts anderes ist als ein Spielball äußerer und innerer Kräfte und Mächte? Die Testfrage auf das Symptom *kollektivistisches Denken* lautete: Glauben Sie, daß es das wichtigste ist, nur nicht aufzufallen? Und schließlich die, ich muß schon sagen Fangfrage auf *Fanatismus:* Sind Sie der Ansicht, daß ein Mensch, der das Beste will, auch berechtigt ist, jedes Mittel anzuwenden, das ihm tauglich erscheint? Durch diesen Test konnten meine Mitarbeiter nun feststellen, daß von all den Untersuchten nur ein einziger wirklich frei war von allen vier Symptomen der kollektiven Neurose, während nicht weniger als die Hälfte der untersuchten Personen mindestens drei von den vier Symptomen aufwiesen.

Nun wissen wir, daß nicht nur ein seelischer, sondern auch ein geistiger, beispielsweise ein Gewissenskonflikt zu einer Neurose führen kann. Es ist nun begreiflich, daß ein Mensch ebenso lange, wie er eines Gewissenskonflikts überhaupt fähig ist, gegenüber dem Fanatismus, ja gegenüber der kollektiven Neurose, gefeit sein wird. Umgekehrt wird jemand, der an einer kollektiven Neurose leidet, also beispielsweise ein politisch Fanatisierter, in dem Maße, in dem er wieder fähig wird, seine Gewissensstimme zu hören, ja unter ihr zu leiden – im gleichen Maße wird er auch in den Stand gesetzt, seine kollektive Neurose zu überwinden.

Vor Jahren sprach ich über dieses Thema auf einem Ärztekongreß, unter anderem vor Fachkollegen, die unter einem totalitären Regime leben. Nach dem Vortrag kamen diese auf mich zu und sagten: Wir kennen das sehr gut, wovon Sie gesprochen haben, Herr Kollege; bei uns, müssen Sie wissen, heißt das die Funktionärekrankheit: soundso viele Parteifunktionäre brechen mit der Zeit unter der zunehmenden Belastung ihres Gewissens nervlich zusammen; dann aber sind sie von ihrem politischen Fanatismus – geheilt.

Psychische Hygiene des Alterns

Gegenwärtig ist viel die Rede von der sogenannten Überalterung der Bevölkerung, das heißt, daß mehr denn je die alten Jahrgänge der Zahl nach überwiegen, während der Prozentsatz jüngerer Menschen demgegenüber zurücktritt. Ich möchte hier nun weniger auf die bevölkerungspolitischen und sozialmedizinischen Konsequenzen eingehen, die sich aus dieser Verschiebung im Altersaufbau der heutigen Gesellschaft ergeben; ich möchte vielmehr versuchen, den Fakten vom Standort der Psychotherapie und der psychischen Hygiene ins Auge zu sehen, also vom Standpunkt seelenärztlicher Krankenbehandlung und Krankheitsverhütung.

Selten noch hat eine schlichte Antwort auf eine einfache Frage so sehr ins Schwarze getroffen wie die Antwort einer alten Frau, die einmal in einem Siechenheim untergebracht war und eines Tages von einer Bekannten, die sie besucht hatte, gefragt wurde: Nun, sagen Sie mir einmal, was treiben Sie denn die ganze Zeit! Und die Antwort lautete: Mein Gott: bei Nacht – da schlaf' ich, und bei Tag – da siech' ich. Was soll das heißen? Nun, nicht mehr und nicht weniger, als daß die Untätigkeit an sich schon gleichbedeutend ist mit Siechtum. Wer immer aber in sich das geringste Gefühl nicht nur für das bloße Leben, sondern darüber hinaus auch für ein menschenwürdiges Dasein wachgehalten hat – er wird zugeben müssen, daß *bloßes* Am-Leben-Sein und Am-Leben-Bleiben jedes menschliche Wesen, das diesen Namen verdiente, zutiefst unerfüllt und unbefriedigt lassen müßte. Würde doch ein solches, nicht im eigentlichen Wortsinn menschliches Existieren eher einem Vegetieren gleichkommen und diese Bezeichnung verdienen. Denken wir nur daran, was wir in den vorangegangenen Vorträgen über den allen Menschen gleichsam eingeborenen Willen zum Sinn gehört haben, über das in jedermann schlummernde Verlangen, seinem Dasein die Sinnfülle zu sichern.

Wann immer nun dieses Streben nach, dieses Ringen um einen Lebenszweck und Daseinsinhalt erfolglos bleibt, zeigt sich dies nicht nur im Bereich der Gefühle, also etwa im Gefühl der Öde und Leere, sondern diese Unerfülltheit rächt sich auch insofern, als sie sich bis hinein in die leiblichen Grundlagen der gesamten Lebensvorgänge ungünstig auswirkt. So wissen wir etwa, daß Menschen, die pensioniert werden und für ihre berufliche Tätigkeit keine wenigstens seelisch gleichwertige Ersatzbeschäftigung haben, mit ziemlicher Gesetzmäßigkeit über kurz oder lang erkranken, dem Siechtum verfallen und verhältnismäßig früh vom Tode dahingerafft werden. Aber auch das Gegenstück zu dieser Beobachtung ist bekannt, nämlich daß das Bewußtsein, eine Aufgabe zu haben, und zwar eine ganz konkrete und höchst persönliche Aufgabe zu haben, daß dieses Bewußtsein den alten Menschen nicht nur seelisch und geistig aufrechterhält, sondern auch vor Krankheiten und damit vor dem Tode bewahrt.

Ich könnte in diesem Zusammenhang eine ganze Reihe von Krankengeschichten anführen, um zu belegen und zu bezeugen, was ich soeben behauptet habe. An Stelle von Krankengeschichten möchte ich aber lieber die – Literaturgeschichte in die Debatte ziehen, so zwar, daß ich mir erlaube, daran zu erinnern, daß Goethe hochbetagt sieben Jahre hindurch an der Fertigstellung des zweiten Teils seiner Fausttragödie gearbeitet hatte, als er im Jahre 1832 endlich das Manuskript verschnürt und sein Siegel daraufgesetzt hatte: nach siebenjähriger Arbeit – das war im Jänner 1832. Und im März desselben Jahres war er tot. Wir gehen wohl nicht fehl, wenn wir annehmen, daß dieser Tod schon längst sozusagen fällig war. Aufgehoben werden konnte die leibliche Sterblichkeit nicht; aber sehr wohl konnte sein Tod aufgeschoben werden. Und er wurde aufgeschoben – solange, bis das Werk, dem das Leben zuletzt geweiht war, vollendet dastand. Bis dahin, also sieben Jahre hindurch, mag Goethe, wenn ich so sagen darf, über seine biologischen Verhältnisse gelebt haben.

Nach diesem Exkurs von den Krankengeschichten fort in die Literaturgeschichte möge mir gestattet sein, auch einmal in die Naturgeschichte abzuschweifen. Da hören wir z. B., daß Tiere, die in Zirkussen auftreten und zu diesem Zweck dressiert wurden, die also bestimmte Leistungen zu erfüllen haben, um nicht zu sagen: denen bestimmte Aufgaben gestellt wurden – wir hören, daß solche Tiere im Durchschnitt länger leben als jene unter ihren Artgenossen, die in Zoos gehalten werden, das heißt jene Tiere, die unbeschäftigt bleiben.

Kehren wir aber zum Menschen zurück und versuchen wir, aus dem Gesagten die Nutzanwendung zu ziehen, so können wir nur unterstreichen, was insbesondere von Professor Stransky betont worden ist, der unermüdlich auf die Dringlichkeit hinweist, im Dienste und im Sinne psychischer Hygiene jenen alten Menschen, die aus dem Berufsleben auszuscheiden gezwungen sind, wenigstens in anderweitiger Form die Chance zu geben, tätig zu bleiben, anstatt durch Rasten zu rosten. Daß und wie dieses Tätigbleiben auch der Gemeinschaft zugute kommen kann, hat ebenfalls Stransky bewiesen. Worauf ich hier Wert lege, ist jedoch der Umstand, daß solches Zunutzesein von größter psychologischer Bedeutung ist. Denn meines Erachtens steht und fällt damit der innere Wert dieses irgendwie Beschäftigtseins, daß es im alten Menschen das Gefühl hinterläßt, trotz seines Alters einen Sinn zu erfüllen.

Viele werden denken, es sei keineswegs ausgemacht und nachgewiesen, daß dieses Gefühl eigener Nützlichkeit und der Lebenswürdigkeit des Daseins psychologisch so wichtig ist. Aber glücklicherweise bin ich imstande, hierfür den Beweis anzutreten. Ich verfüge nämlich über die diesbezüglichen Präzedenzfälle, und zwar denke ich hierbei an die Psychologie arbeitsloser Menschen, an die seinerzeit von mir beschriebene *Arbeitslosigkeitsneurose* und an die damit in Zusammenhang stehenden therapeutischen Erfahrungen.

Im Jahre 1933, also um die Zeit der Weltwirtschaftskrise, veröffentlichten die beiden Wiener Psychologen und Bühler-Schüler Lazarsfeld und Zeisel in einer psychologischen Zeitschrift einen Aufsatz über die Arbeitslosen von Marienthal. In diesem Aufsatz wiesen sie darauf hin, welchen verderblichen, ja verheerenden Einfluß auf das Seelenleben die Arbeitslosigkeit auszuüben vermag. Letzten Endes bedeutete diese Arbeit jedoch nur eine Bestätigung dessen, was schon Pascal vor 300 Jahren niedergeschrieben hatte. Denn in den Pensées findet sich der Satz: Nichts ist dem Menschen so unerträglich wie ein Zustand ohne Aufgaben, ohne Ziele. Bei näherem Zusehen erweist sich dieser Satz so recht als eine Umkehrung einer These, die ich bereits in einem früheren Vortrag entwickelt und vertreten habe: während Pascal von der Unerträglichkeit eines aufgabenlosen Lebens spricht, sprach ich damals davon, *daß es schlechterdings nichts gebe, was den Menschen so sehr in den Stand setzt, Schwierigkeiten zu überwinden, wie dieses eine: das Bewußtsein, einer Aufgabe zu dienen.*

Nun, diese meine Behauptung ließ sich gerade im Rahmen jener Beobachtungen, die ich im Zusammenhang mit der Arbeitslosigkeitsneurose machen konnte, vollauf bestätigen. Es handelte sich vorwiegend um junge Menschen, die – anscheinend auf Grund ihrer Arbeitslosigkeit – in schwerste Depressionszustände verfallen waren. Man wird nun glauben, diese Depressionen seien nur allzu begreiflich und leicht nachfühlbar. Mag sein, aber worauf es mir hier in erster Linie ankommt, das ist der Tatbestand, daß diese Depressionen keineswegs ebenso lange angehalten haben wie ihre scheinbare Ursache, nämlich die Arbeitslosigkeit, und daß sich diese Depressionen durchaus ausheilen ließen, ohne daß sich an der Arbeitslosigkeit im geringsten etwas geändert hätte. Und zwar hörten diese Verstimmungszustände im gleichen Augenblick auf, in dem die jungen Menschen irgendeine ehrenamtliche, also ganz und gar unbezahlte Funktion übernommen hatten, beispielsweise in einer Volkshochschule, in einer Volksbücherei oder in einer Jugendorganisation. So oder so: endlich konnten sie wieder das Gefühl haben, einer guten Sache zu dienen und nicht mehr überflüssig zu sein. Oft genug haben mir solche jungen Menschen beteuert: Was wir brauchen, ist nicht einmal so sehr das Geld, sondern was wir wollen, ist ein Lebenssinn und Daseinsinhalt. Ihn aber konnte man ihnen – und das ist das wichtigste – auch unabhängig von einem Broterwerb oder einem Anstellungsverhältnis bieten! Und vielen von denen, die nunmehr einen Lebensinhalt gefunden hatten und dadurch ihre Depressionen überwinden konnten – vielen von ihnen knurrte der Magen nach wie vor, denn sie hatten nach wie vor nichts verdient und wenig zu essen, und trotzdem war die Verstimmung gewichen.

Aus diesem Grunde bin ich, was die psychologischen Forderungen von Stransky anbelangt, durchaus optimistisch, das heißt, ich bin davon überzeugt, daß die lebensverlängernde und krankheitsverhütende Wirkung des Tätigbleibens eines alternden Menschen nicht im mindesten davon abhängt, ob es sich um eine bezahlte Beschäftigung handelt oder aber, eben im Sinne der Stranskyschen Vorschläge und Anregungen, um eine ehrenamtliche Tätigkeit.

Also nicht darauf kommt es an, seelenärztlich gesehen: ob einer jung ist oder alt, und wie alt er sein mag; sondern worauf es ankommt, ist vielmehr die Frage, ob seine Zeit und sein Bewußtsein ausgefüllt sind von irgendeinem Gegenstand, an den sich dieser Mensch hingibt, und ob er selbst das Gefühl haben kann, auch trotz seines Alters, nach wie vor, ein wertvolles und lebenswürdiges Dasein zu leben, mit einem Wort, sich auch noch im Alter innerlich zu erfüllen. Und nicht darauf kommt es an: ob die Tätigkeit, die dem menschlichen Dasein einen Sinn und Inhalt geben soll, mit Gelderwerb verknüpft ist oder nicht; sondern vom psychologischen Standpunkt ausschlaggebend und entscheidend ist einzig und allein die Frage, ob diese Tätigkeit im Menschen, und mag er noch so bejahrt sein, das Gefühl erweckt, *für etwas da zu sein – für etwas oder für jemand.*

Psychische Hygiene des Reifens

Als ich über die seelische Hygiene des alternden Menschen sprach, mußte ich notgedrungenerweise hauptsächlich vom männlichen Geschlecht, von der diesbezüglichen Problematik des Mannes ausgehen. Wenn ich nun nicht vom alternden, sondern vom reifenden Menschen spreche, so ergibt es sich von selbst, daß ich mich vorwiegend an das weibliche Geschlecht wenden muß. Aber eigentlich befinden wir uns hier bereits mitten unter den Problemen, die eine Frau angehen, und zwar im besonderen die Frau „in reiferen Jahren". Denn die so weit verbreitete Furcht vor diesen „kritischen" Jahren, wie sie auch bezeichnet werden, vor diesem „gefährlichen Alter", ist nicht zuletzt auf ein Mißverständnis zurückzuführen, nämlich auf die Verwechslung von „reifen" und „altern". So kommt es denn, daß viele Frauen, die sich ängstlich dieser Zeitspanne ihres Lebens nähern, von der sogenannten Torschlußpanik ergriffen werden – eben aus dem Grund, daß sie annehmen, nunmehr begännen sie schon zu altern.

In gewissem Sinne trifft dies auch zu; aber in diesem Sinne fangen wir bereits recht früh zu altern an. Die Psychologin Charlotte Bühler hat zum Beispiel zu zeigen vermocht, daß wir, was unseren leiblichen Organismus anlangt, längst schon im Abstieg begriffen sind, wenn sich unser Leben, was unsere geistige Person betrifft, seinem Gipfel- und Höhepunkt erst zu nähern beginnt. Mit anderen Worten: biologisch geht es mit uns bergab, während es sozusagen mit unserer Biographie bergauf geht. Wer sich also der Torschlußpanik hingibt, der vergißt, daß sich neue Tore öffnen, während sich die alten schließen – neue Tore und neue Möglichkeiten. Nur jene Frauen, die sich krampfhaft bemühen, um jeden Preis jugendlich auszusehen, nur solche Frauen haben Grund und Recht, alarmiert zu sein.

Nun, von der Torschlußpanik gilt ähnliches wie von der Angst im allgemeinen. Von ihr aber wurde einmal behauptet, alle Angst sei letztlich Todesangst. Ich möchte diesen Satz ergänzen, indem ich fortsetze: – und jede Todesangst ist eigentlich Gewissensangst. Und ich möchte noch weitergehen, darüber hinausgehen, und behaupten, es gebe auch so etwas wie eine negative Gewissensangst – die sich weniger auf irgendwelche Taten und Handlungen bezieht als vielmehr auf all die verpaßten Chancen und die Gelegenheiten, die da einer versäumt haben mag im Leben.

Erinnern wir uns nun daran, was wir vom Willen zum Sinn gesagt haben; von diesem Willen zum Sinn, den wir dem Willen zur Lust, das heißt dem Lustprinzip der Psychoanalyse, ebenso gegenübergestellt haben wie dem Willen zur Macht, dem Geltungsstreben der Individualpsychologie. Und wir werden es nunmehr verstehen, daß es unter anderem auch, ja wohl in erster Linie dieser Sinnwille sein wird, der den versäumten Gelegenheiten gleichsam nachtrauert, die sich zu seiner Erfüllung geboten haben mögen.

Unter den Möglichkeiten, die sich einer Frau eröffnen, wenn sie ihr Dasein sinnvoll gestalten will, stehen zwei Möglichkeiten im Vordergrund: Gattin sein und Mutter werden. Es kann gar kein Zweifel darüber bestehen, daß es sich hierbei um zwei Werte handelt. Wehe aber, wenn diese beiden Möglichkeiten, dem Dasein einer Frau Sinn zu geben, wenn diese zwei relativen Werte nicht in ihrer Relativität belassen, sondern verabsolutiert – mit einem Wort: wenn sie vergötzt werden. Wenn eine Frau also so tut, als ob im Gattin-Sein und Mutter-Werden nicht eine, sondern die einzige Wertmöglichkeit bestünde. Denn wir haben schon einmal gehört, und wir sehen es jetzt nur bestätigt: daß sich jede Vergötzung rächt, indem sie geradewegs in die Verzweiflung hineinführt, oder umgekehrt: daß jeder Verzweiflung letzten Endes nichts anderes zugrunde liegt als Vergötzung. Man verhehle sich nicht, welche Bedeutung diese Dinge haben. Soundso viele Frauen müssen unverheiratet und kinderlos bleiben. Nun, viele unter diesen „überschüssigen" Frauen werden sich alsbald auch für überflüssig, ihr Leben für nutzlos und ihr Dasein für sinnlos halten; denn sie werden der Ansicht sein, daß ein Dasein ohne Mann und Kind eben keinen Sinn hat. Und es ist dann bloß eine Frage der persönlichen Konsequenz, ob eine Frau, die so denkt, sich das Leben nimmt oder nicht. Es wäre denn, sie sieht endlich die Vergötzung ein, der sie anheimgefallen ist. Denn nur dann, wenn sie diese Vergötzung rückgängig macht, ist sie auch der Verzweiflung nicht mehr ausgeliefert.

Zum Glück sind nur die wenigsten so konsequent, daß sie aus ihrer Verzweiflung die Konsequenz des Selbstmordes ziehen; sondern die meisten weichen diesem letzten Schritt glücklicherweise aus und gehen andere Wege – freilich durchwegs Wege der Flucht. Der erste Weg, der sich da bietet, um der Verzweiflung nicht ins Gesicht sehen zu müssen, ist der Weg der Entwertung, des Ressentiments. Nicht anders als beim Urbild allen Ressentiments, nämlich dem Fuchs, dem die Trauben zu sauer sind, werden Dinge wie Liebe, Ehe und Kinder mit scheelen Augen angesehen. Man hat das Wort Ressentiment mit Lebensneid übersetzt; hier könnte man auch von Liebesneid sprechen. Ich denke hierbei an den Typus der hysterischen alten Jungfer sowie an das eigenartige Gemisch von Prüderie und Lüsternheit, das solchen unerfüllt gebliebenen Menschentypen anhaftet.

Der Verzweiflung entgeht die unverheiratet und kinderlos bleibende Frau nur, indem sie bewußt Verzicht leistet. Aber wie weise sagt uns schon die Sprache, daß jeder Verzicht „geleistet" werden muß, daß es sich also um eine echte Leistung handelt, die einem da abverlangt ist. Nun, diese Verzichtleistung ist auch das einzige, was einen vor der Vergötzung und damit vor der Verzweiflung bewahrt. Verzichten aber heißt einsehen, daß ein relativer Wert eben relativ ist.

Dies klingt abstrakt, und daher möchte ich konkreter werden, und ich zitiere ein altes chinesisches Sprichwort: es sagt, jeder Mann solle in seinem Leben einen Baum gepflanzt, ein Buch geschrieben und einen Sohn gezeugt haben. Nun, wenn sie sich daran halten wollten – die meisten Männer müßten verzweifeln und sich konsequenterweise das Leben nehmen; denn die wenigsten waren dann wohl imstande, ihrem Leben den rechten Sinn zu geben: selbst wenn sie Bäume gepflanzt hätten, haben sie wohl kein Buch geschrieben oder nur eine Tochter gezeugt oder umgekehrt usw. Aber auch wenn man nicht das Bäumepflanzen, Bücherschreiben und Söhnezeugen, überhaupt nicht die Vaterschaft vergötzt, sondern die Mutterschaft – wir müßten sagen: wie arm wäre doch das Leben, würde es nicht auch andere Möglichkeiten bieten, um es sinnvoll zu gestalten, es mit Sinn zu erfüllen. Und ich muß sagen: was wäre das auch schon für ein Leben, dessen Sinn damit steht und fällt, daß man heiratet und Kinder kriegt, Bäume pflanzt und Bücher schreibt?

Gewiß: das alles sind Werte, wirkliche Werte; aber sie sind relativ – absolut hingegen kann nur eines sein, und das ist *das*

Gebot unseres Gewissens. Und dieses Gewissen gebietet uns, daß wir uns unter allen Bedingungen und Umständen unserem Schicksal stellen – wie immer es auch sein mag; und unser Gewissen fordert von uns, daß wir dieses Schicksal gestalten, daß wir handeln, daß wir das Schicksal in die Hand nehmen, wo dies möglich ist; daß wir aber auch bereit sind, das Schicksal auf uns zu nehmen – wenn dies nötig ist –, und daß wir dann das rechte, aufrechte Leiden echten Schicksals leisten.

Haben wir uns dem Schicksal aber einmal gestellt, sei es in einer Handlung, sei es – wo ein Handeln nicht möglich war – in der rechten Haltung, so oder so haben wir das Unsere getan[1]. Dann gibt es auch kein schlechtes Gewissen mehr – weder ein positives noch ein negatives, weder eines, das sich auf unsere Handlungen bezieht, noch eines, das die Unterlassungen betrifft. Und dann hört mit einemmal auch alle Torschlußpanik auf. Denn letztlich beruht sie auf jener optischen Täuschung, von der ich bereits einmal sprach, als ich sagte: der Mensch sieht meistens nur das Stoppelfeld der Vergänglichkeit, aber er übersieht die vollen Scheunen der Vergangenheit – er übersieht, was er alles ins Vergangensein hineingerettet hat, wo es nicht unwiederbringlich verloren ist, sondern unverlierbar geborgen bleibt.

Nun: wer da beherrscht ist vom Lebensgefühl des ständigen Abschied-nehmen-Müssens und ergriffen von der Torschlußpanik, der hat vergessen, daß das Tor, das sich zu schließen droht, eben das Tor einer vollen Scheune ist...

Und er überhört den Trost und die Weisheit, die uns entgegenklingen aus den Worten der Bibel: „Du gehst im Alter zu Grabe, wie der Garbenhaufen eingefahren wird zur Zeit."

---

[1] Auch wenn wir eine falsche Handlung gesetzt haben, läßt sich durch die rechte Haltung noch alles sinnvoll gestalten – allerdings geht es dann um die Haltung, die wir gegenüber uns selbst einnehmen, das heißt zum Beispiel, daß wir von uns selbst abrücken und damit über uns selbst auch schon hinauswachsen.

Hypnose

Für gewöhnlich setzt man die Geburt der modernen Psychotherapie, der zeitgenössischen wissenschaftlichen Seelenheilkunde, mit dem Erscheinen der so betitelten Studien über die Hysterie von Breuer und Freud fest. Darin mag aber eine gewisse Willkür liegen, denn mit ebenso gutem Recht könnte man auch behaupten, daß der Ursprung der Psychotherapie auch mit der Entwicklung des sogenannten Mesmerismus zusammenfällt, also der Lehre und dem Wirken von Mesmer. Gewirkt nun hat dieser Mann nicht anders als Breuer und Freud zum größten Teil in Wien. Und was seine Lehre anbelangt, so handelt es sich hierbei um den von Mesmer selbst so benannten tierischen Magnetismus. In Wirklichkeit hat aber dieser vermeintliche Magnetismus mit jener Naturerscheinung, die von der Physik zur Zeit von Mesmer ebenso wie heutzutage unter dem Namen Magnetismus abgehandelt wird, wie wir heute wissen, überhaupt nichts zu tun. Was Mesmer vielmehr wirklich erkannt und erforscht hatte, ist nichts anderes als eben das, was wir heutigentags als Hypnotismus bezeichnen.

Es ist diesem Mann in seiner Forschung ähnlich ergangen wie so manchem anderen Wissenschaftler, auch Männern der heutigen Wissenschaft und schließlich auch solchen der heutigen Seelenheilkunde. In diesem Zusammenhang möchte ich mich darauf beschränken, daran zu erinnern, daß auch die diversen Schockbehandlungen, welche der Psychiatrie von heute eine Ära eröffnet und vor allem mit dem therapeutischen Nihilismus der Psychiatrie von gestern aufgeräumt haben – diese Schockbehandlungen sind ebenfalls von im großen und ganzen falschen theoretischen Überlegungen ausgegangen, und trotzdem sind die praktischen Ergebnisse erstaunlich. Halten wir also fest: Die Hypnose hat mit Magnetismus nicht das geringste zu tun. Was ist die Hypnose denn?

Sie ist ein seelischer Ausnahmezustand, und zwar handelt es

sich bei ihr um einen schlafähnlichen Zustand, in den der betreffende Mensch verfällt bzw. vom Hypnotiseur versetzt wird. Auf welchem besonderen Wege geschieht dies nun, da es sich ja sichtlich um kein Versinken in einen gewöhnlichen Schlaf handelt, sondern eben einen bloß schlafähnlichen Zustand? Nun, in Hypnose versetzt man den betreffenden Menschen dadurch, daß man ihm entsprechende Suggestionen erteilt. Mit anderen Worten, die Hypnose – so können wir unseren definitorischen Versuch von vorhin fortsetzen – ist ein schlafähnlicher seelischer Ausnahmszustand, der das Resultat suggestiver Maßnahmen darstellt, wobei es für das Wesen der Sache unerheblich ist, ob die jeweils vorgenommenen Suggestionen etwa wörtlicher oder anderweitiger Natur sind, das heißt, ob ich die Hypnose dadurch einleite, daß ich die Versuchsperson auffordere, sich bequem hinzulegen, die Augen zu schließen und an nichts anderes zu denken als an das, wovon ich spreche – ob ich die Hypnose so einleite oder anderswie, sagen wir die zunehmende Ermüdung statt durch wörtliche Suggestionen dadurch herbeizuführen versuche, daß ich der Versuchsperson einen glänzenden und glitzernden Gegenstand vor die Augen halte und ihn von ihr fixieren lasse: all dies ist wie gesagt irrelevant.

Aber noch bedarf die Kennzeichnung des Wesens dessen, was wir Hypnose nennen, einer Ergänzung. Die Hypnose stellt nämlich nicht nur das Resultat von Suggestionen dar, sondern sie ist auch ihrerseits der denkbar günstigste Boden zur Aufnahme weiterer Suggestionen, und zwar, wenn ich so sagen darf, gewagterer Suggestionen. Lassen Sie mich ein Beispiel anführen! Wenn ich einem Herrn oder einer Dame ein soeben geöffnetes Fläschchen mit Benzin unter die Nase halte, dann werde ich im allgemeinen wohl kaum der betreffenden Versuchsperson suggerieren, also – plump gesprochen – einreden können, daß es sich um ein Parfüm, sagen wir um Rosenduft, handelt. Aber es wird mir gewiß nicht allzu schwer fallen, dem betreffenden Menschen – vorausgesetzt, daß er von durchschnittlicher Intelligenz ist und darüber hinaus Interesse an solchen Experimenten zeigt – zu suggerieren, daß er sich müde fühlt – daß die Müdigkeit zunimmt – daß seine Glieder immer schwerer und schwerer werden – daß ihm die Augen zufallen und daß er schließlich in einen eigenartigen Zustand gerät, der dem des Schlafens nicht unähnlich ist. Habe ich ihn aber so weit gebracht, dann kann ich wagen, ihm ein wenig Benzin unter die Nase zu reiben, und nunmehr darf ich sehr wohl damit rechnen, daß er mich quasi nicht enttäuscht oder – wenn man so will: „blamiert", sondern auf meine eindringliche Frage: Ich habe da ein Parfüm; merken Sie? Rosenduft – spüren Sie ihn? daß er auf diese meine Frage zugibt: Jawohl, stimmt – jetzt merk' ich es: es riecht nach Rosen.

Worauf es mir nun ankommt, das ist: klarzumachen, daß derartiges Geschehen nichts, aber auch schon gar nichts zu tun hat mit Dingen wie Spiritismus, Okkultismus o. dgl. Bei der Hypnose – allgemeiner: beim Suggerieren, geht es durchaus mit rechten Dingen zu. Nichts Übernatürliches schaltet sich in diesen Vorgang ein – mögen Varietékünstler und psychologische Scharlatane auch noch so sehr bemüht sein, den in Frage stehenden natürlichen Erscheinungen ein übernatürliches Mäntelchen umzuhängen bzw. sich selbst mit dem Nimbus höheren Wissens und Könnens zu versehen. Worauf es mir ankommt, ist – mit einem Wort –, die Hypnose zu entmythologisieren.

Diese Tendenz entspricht auch Bestrebungen, das zauberische Beiwerk auszuschalten und die Suggestivmethoden ihrer magischen Atmosphäre zu entkleiden; denn – um mit den Worten Ernst Kretschmers zu sprechen – der Nimbus des zaubernden Heilkünstlers ist mit der Haltung des naturwissenschaftlich gebildeten Arztes nicht vereinbar. Und, wie ich hinzusetzen möchte, der Arzt soll sich diese seiner unwürdige Rolle auch nicht von seinen Patienten aufdrängen lassen, von jenen Patienten nämlich, die eine psychotherapeutische Behandlung und Heilung ihrer Beschwerden vorziehen, in deren Rahmen von ihnen eines nicht verlangt wird: eine Entscheidung – während wir darum wissen, wie sehr es bei jedem Effekt einer Psychotherapie letzten Endes gerade auf die persönliche Entscheidung des Patienten ankommt.

Bliebe noch, daß ich auf ein paar Fragen eingehe, die seitens des Laien so oft an den Nervenarzt adressiert werden. Hiezu gehören folgende Fragen: Wer kann hypnotisieren? Wer kann hypnotisiert werden? Wer darf hypnotisieren? Schließlich: gibt es Verbrechen in Hypnose? Zur ersten Frage: Hypnotisieren kann grundsätzlich jeder, der über die nötigen technischen Kenntnisse verfügt und im übrigen das besitzt, was ich als psychologisches Fingerspitzengefühl bezeichnen möchte. Der Unterricht in den verschiedenen technischen Verfahren ist selbstverständlich Angelegenheit ärztlicher Ausbildung. Mir wird es jedenfalls nicht einfallen, von dieser Stelle aus diesbezügliche

Anweisungen zu geben; niemand unter meinen Hörern würde auf diesem Wege zum Hypnotiseur ausgebildet, hingegen könnte es sehr wohl geschehen, daß der eine oder andere dabei einschläft, und zwar nicht vielleicht nur aus Langeweile. Auch solch ein Einschlafen wäre ja schließlich kein Malheur: es geht immerhin auf 11 Uhr nachts, und ich garantiere im übrigen, daß er morgen früh zur rechten Zeit aufwachen wird, auch ohne daß ich ihm eigens zu diesem Zweck irgendwelche posthypnotischen Aufträge erteilen müßte. Eine deutsche Klinik ist in letzter Zeit übrigens dazu übergegangen, ihre Patienten mit Hilfe von Telephon, Grammophon und Magnetophon in Hypnose zu versetzen und von allerhand quälenden Schmerzen zu befreien. Ich möchte sagen, dies ist typisch für unsere Zeit; es stellt dies einen für diese Zeit typischen Versuch der Kombination dar von Mythos und Technik. Aber auch die erwähnte Klinik hat ihre technisierte, mechanisierte Hypnose wenigstens nicht kollektiviert, sondern sie beschränkt sich auf einzelne Patienten.

Und dies ist wichtig; denn es gelingt nicht immer und ohne weiteres. So erinnere ich mich daran, wie ich als junger Arzt auf der chirurgischen Abteilung eines Wiener Spitals tätig war und mein dortiger und damaliger Chef mir eines Tages den zwar ehrenvollen, aber nichts weniger als aussichtsreichen Auftrag gab, ein altes Weiblein zu hypnotisieren. Er wollte sie operieren, sie aber hätte eine regelrechte Narkose nicht vertragen, und die Lokalanästhesie kam aus irgendeinem Grund anscheinend ebenfalls nicht in Frage. So versuchte ich denn tatsächlich, die arme Frau auf hypnotischem Wege völlig schmerzfrei zu bekommen, und dieser Versuch glückte mir vollends. Nur daß ich die Rechnung ohne den Wirt gemacht habe. Denn in die Lobeshymnen der Ärzte und in die Dankesworte der Patientin mengten sich alsbald die bittersten und heftigsten Vorwürfe jener Krankenschwester, die bei der Operation hatte instrumentieren müssen, aber nicht nur das, sondern sie hatte, wie sie mir nachher vorhielt, die ganze Zeit über unter Aufgebot der letzten Willenskraft gegen die Schläfrigkeit ankämpfen müssen, die durch meine monotonen Suggestionen nicht nur bei der Kranken, sondern auch bei ihr, bei der Schwester, hervorgerufen wurde.

Oder – ein andermal, auf einer anderen, einer Nervenabteilung, passierte mir als jungem Arzt folgendes: mein Chef hatte mich gebeten, bei einem Patienten, der in einem Zweibettzimmer untergebracht war, den so ersehnten Schlaf durch eine Hypnose zu erzwingen. Spät am Abend schlich ich mich ins Zimmer, setzte mich ans Bett des betreffenden Kranken und wiederholte mindestens eine halbe Stunde hindurch die entsprechenden Suggestionen: Sie sind ganz ruhig, Sie sind angenehm müde, Sie werden immer schläfriger, Sie atmen ganz ruhig, die Augenlider werden schwer, alle Sorgen sind wie fern – bald werden Sie schlafen. So ging es weiter eine halbe Stunde lang. Aber als ich mich davonschleichen wollte, mußte ich enttäuscht feststellen, daß ich dem Manne nicht geholfen hatte. Wie erstaunt war ich aber, als ich am nächsten Morgen, beim Betreten seines Zimmers, begeistert empfangen wurde mit dem Ausruf: Wunderbar habe ich diese Nacht geschlafen: wenige Minuten, nachdem Sie zu sprechen begonnen hatten, war ich in tiefen Schlaf versunken – mit diesen Worten empfing mich an jenem Morgen der andere Patient, der Nachbar jenes Kranken, den ich hätte hypnotisieren sollen.

Nun kurz zur zweiten Frage: Wer kann hypnotisiert werden? Grundsätzlich jeder mit Ausnahme von Kindern und Geisteskranken; allerdings gelingt die Hypnose im allgemeinen nur dann, wenn der zu Hypnotisierende an ihr interessiert ist, und zwar nicht theoretisch, sondern im Gegenteil praktisch, will heißen, daß er beispielsweise ein Interesse daran hat, durch die Hypnose von einem Krankheitssymptom befreit zu werden. Der Wille zur Gesundung ist also Voraussetzung – keinesfalls ist aber die weitverbreitete Ansicht richtig, nur willensschwache Menschen ließen sich hypnotisieren.

Und wer darf hypnotisieren? Da wir es im Falle der Hypnose mit einer psychotherapeutischen Behandlungsmaßnahme zu tun haben und die Psychotherapie nach dem österreichischen Ärztegesetz ausnahmslos dem Arzt vorbehalten ist, darf selbstverständlich nur der Arzt und auch er nur zu therapeutischen Zwecken eine Hypnose vornehmen. Mag auch der Effekt nicht immer ein therapeutischer sein – das Motiv einer Hypnose muß ein therapeutisches sein. Wie ist es aber, wenn das Motiv kein therapeutisches sein sollte, sondern im Gegenteil ein kriminelles? Oder gar, wenn auch der Effekt der Hypnose im Sinne eines kriminellen Effektes geplant wäre? Wie ist es also – mit anderen Worten – dann, wenn der Hypnotiseur in böser Absicht hypnotisiert oder gar seinem sogenannten Medium (welch lächerlicher Ausdruck – wieder: als ob Hypnose mit Geistern was zu tun hätte) den Auftrag aufzwingt, selber etwas Böses zu unternehmen? Machen wir es kurz: auch in der Hypnose bzw. aus der Hypnose heraus wird niemals etwas in die Tat umgesetzt, das nicht irgendwie dem eigenen Wollen des betreffenden Menschen entspräche oder entgegenkäme. Letztlich und eigentlich geschieht in der Hypnose und auch nach der Hypnose nur das, womit die Versuchsperson irgendwie einverstanden ist.

Diese Meinung vertrat auch ein berühmter Wiener Psychiater. Aber gegen sie zog zu Felde ein seinerzeit nicht weniger berühmter, um nicht zu sagen berüchtigter Varietéstar. Um nun den Gelehrten zu widerlegen, hypnotisierte der Varietéhypnotiseur eines Tages sein weibliches „Medium", drückte ihr eine Pistole in die Hand und erteilte ihr den posthypnotischen Auftrag, in die Ordination des Psychiaters zu gehen und ihn an Ort und Stelle niederzuknallen. Was geschah – was tat die Dame? Sie tat, wie ihr geheißen; als sie aber angesichts des Arztes die Pistole angelegt hatte, ließ sie die, ohne zu schießen, wieder sinken. So wurde der Initiator dieses Experimentes, das beweisen sollte, daß Verbrechen in Hypnose im Bereich der Möglichkeit liegen, widerlegt: das Attentat kam nicht zustande. Aber selbst wenn es zustande gekommen wäre – das „Opfer" dieses Attentates hätte dennoch recht behalten; denn ich darf Ihnen verraten, das Opfer wäre gar kein Opfer geworden, sondern heil und am Leben geblieben, denn bei der Pistole hatte es sich um eine Kinderpistole gehandelt, und selbstverständlich hatte die Verbrecherin, die keine war, genau gewußt, daß auch die Pistole keine war.

Über Angst und Angstneurosen

Sofern wir unter Seelenheilkunde Psychotherapie verstehen, so ist ihr Gegenstand die Behandlung der sogenannten Neurose. Bei den Neurosen nun unterscheiden wir hauptsächlich Angstneurosen und Zwangsneurosen, je nachdem, welche Symptome im Vordergrund stehen, ob ein Angstzustand oder aber eine Zwangsvorstellung. – Heute wollen wir uns des näheren mit den Angstneurosen befassen. Man sollte nun glauben, daß die Häufigkeit angstneurotischer Erkrankungen in letzter Zeit, in dieser Epoche, zugenommen hat. Hört man doch allenthalben von der Angst reden; man sagt beispielsweise, wir lebten in einem Zeitalter der Angst, oder aber man spricht von der Angst als abendländischer Krankheit. Aber bei alledem handelt es sich in Wirklichkeit um keine wissenschaftlichen Feststellungen, sondern um müßiges Gerede. So hat ein amerikanischer Psychiater namens Freyhan nachweisen können, daß frühere Zeitepochen sicherlich mehr Angst hatten und auch Grund zu mehr Angst hatten als unsere Zeitgenossen, und er erwähnte in diesem Zusammenhang im besonderen die Zeiten der Hexenverbrennung, der Pest, des Sklavenhandels und der Völkerwanderung. Aber nicht nur gegenüber früheren Jahrhunderten hat die Angst in unserem Zeitalter nicht zugenommen, sondern auch gegenüber den letzten Jahrzehnten, und dies läßt sich sehr exakt, nämlich auf statistischem Wege, nachweisen. Ich möchte mich im Zusammenhang mit dieser Behauptung auf eine Arbeit von Professor Hirschmann stützen. Im gelang der Nachweis, daß nicht nur die Zahl der Geisteskranken in den letzten Jahren konstant geblieben ist – dies hat man ja schon gewußt, und auch ich habe bereits in einem meiner früheren Vorträge von dieser Stelle aus darauf hingewiesen; nein, der Kollege konnte sogar den Nachweis erbringen, daß auch die Neurosen, also nicht nur die Psychosen, in der besprochenen Zeitspanne weder zu- noch abgenommen haben. Was sich geändert hat, ist höchstens das Symptombild, und siehe da: in dieser Hinsicht ist am ehesten noch insofern ein Wandel zu verzeichnen gewesen, als gerade die Angstzustände sogar abgenommen haben.

Fragen wir uns nunmehr nach den Ursachen, aus denen es zu so etwas wie einer Angstneurose kommen mag! Für gewöhnlich neigt man heutigentags auch in Laienkreisen zu der Ansicht, solch eine Neurose entstehe wohl durch einen sogenannten Schock oder das, was sich der Laie zumindest darunter vorstellt; oder man spricht, als von den Entstehungsbedingungen der Angstneurose, von einem seelischen Trauma, also einer Art seelischer Verletzung, einem verletzenden Erlebnis, das der betreffende Kranke, allenfalls in früher Kindheit, über sich hat ergehen lassen müssen; oder man spricht, mit einem Schlagwort, von einem Komplex. Aber all dies ist wohl kaum jemals die letzte und eigentliche Ursache der jeweiligen angstneurotischen Erkrankung. Daß ein seelisches Trauma, also ein entsprechend schweres Erlebnis, auf einen Menschen überhaupt verletzend, also auf die Dauer schädigend wirkt, liegt jeweils am Menschen, an seiner ganzen Charakterstruktur, also nicht am Erlebnis selbst, das er erfahren mußte.

Schon der Begründer der Individualpsychologie, Alfred Adler, pflegte zu sagen: Erfahrungen *macht* der Mensch – und damit zu meinen, daß es vom Menschen abhängt, ob und wie er sich von der Umwelt überhaupt beeinflussen *läßt*. Im übrigen kommen seelisch schwerwiegende Erlebnisse so allgemein vor und bei jedem einzelnen so häufig, daß sie gar nicht die wahre krankmachende Ursache darstellen *können*. Ich habe diesbezüglich einmal eine Stichprobe gemacht und auf meiner Nervenabteilung einer Kollegin den Auftrag gegeben, eine auslesefreie Serie von Neurosepatienten, also eine Reihe wahllos herausgegriffener seelisch erkrankter Menschen, die bei uns in ambulanter Behandlung stehen, daraufhin zu untersuchen, welche Konflikte und psychischen Traumata der verschiedensten Art sich bei ihnen feststellen ließen; sodann veranlaßte ich die Kollegin, bei einer gleich großen Reihe ebenso wahllos herausgegriffener Patienten unserer Spitalsabteilung, die nicht seelisch krank, sondern an einem organischen Nervenleiden erkrankt waren, nach denselben Konflikten usw. zu fahnden. Und siehe da: das Ergebnis war sogar für mich selber überraschend. Es zeigte sich nämlich, daß gleichartige und vor allem auch gleich schwere Konflikte und Erlebnisse bei den seelisch Gesunden und nur organisch Kranken in weitaus größerer Anzahl sich vorfanden als bei jenen körperlich Gesunden, die uns wegen ihrer seelischen Erkrankung, wegen ihrer Neurose, aufgesucht hatten. Gleichartige und gleich schwere Erlebnisse hatten also die eine Gruppe seelisch geschädigt und die andere nicht; also kann es nicht am Erlebnis, nicht an der Umwelt gelegen sein, sondern am einzelnen Menschen und seiner Einstellung zu dem, was er erfahren mußte.

Es hätte also gar keinen Sinn, Neurosenprophylaxe betreiben, also die Menschen vor dieser seelischen Erkrankung bewahren zu wollen, indem man ihnen jeden Konflikt erspart und alles Schwere aus dem Wege räumt. Im Gegenteil, eher wäre es angezeigt, die Menschen beizeiten sozusagen *seelisch abzuhärten;* denn es ist eine alte Erfahrungstatsache, daß Situationen äußerer Not und Krise im allgemeinen mit einer Verminderung neurotischer Erkrankungen einhergehen, und auch im Leben des Einzelmenschen zeigt sich häufig genug und immer wieder, daß sich die Belastung (ich meine natürlich nicht erbliche Belastung, sondern eine Belastung im Sinne von Beanspruchung) seelisch eher gesundheitsfördernd auswirkt. Ich pflege das immer zu vergleichen mit der Tatsache, daß ein baufällig gewordenes Gewölbe dadurch gestützt und gefestigt werden kann, daß man es belastet. Umgekehrt zeigt sich auch, daß gerade Situationen der Entlastung, also sagen wir der Befreiung von einem langen und schweren seelischen Druck, vom seelisch-hygienischen Standpunkt gefährlich sind. Denken wir doch nur an Situationen wie die Entlassung aus der Gefangenschaft! Nicht wenige Menschen haben erst dann, also erst nach der Entlassung, ihre wahre seelische Krise erlebt, während sie zur Zeit der Gefangenschaft gerade unter diesem äußeren und inneren Druck gezwungen und auch imstande waren, ihr Bestes zu geben und das Äußerste zu leisten. Sobald der Druck aber weicht, gar erst, wenn dies plötzlich geschieht, eben wie im Falle einer Entlassung aus der Gefangenschaft, gefährdet diese plötzliche Druckentlastung den Menschen, und diese Verhältnisse erinnern in gewissem Sinne an die sogenannte Caissonkrankheit, bei der ein Taucher, der zu rasch aus der Tiefe heraufgebracht wird, durch die damit einhergehende plötzliche Herabsetzung des atmosphärischen Drucks lebensgefährlich erkranken kann.

Wir sehen Analoges auch in jenen Fällen, wo jemand plötzlich aus seinem Berufsleben herausgerissen wird und dadurch ebenfalls auf einmal befreit wird von der Summe ständiger Beanspruchung, an deren Bewältigung er durch Jahrzehnte seines Lebens gewöhnt war; ich meine jene bekannte seelische Gefährdung und Krise, die mit der Pensionierung einhergehen kann, sofern nicht rechtzeitig durch den Neuerwerb entsprechender Aufgaben vorgesorgt wird. Aber ich könnte auch die sogenannte Sonntagsneurose anführen, jene Neigung zu trauriger Verstimmung, die sich bei manchen Menschen gerade im Weekend einzustellen pflegt, also gerade dann, wenn der Mensch nicht mehr unter dem Druck wochentäglicher Betriebsamkeit steht, sondern endlich zum Aufatmen kommt, aber in einem damit auch zur Selbstwahrnehmung seiner inneren Öde und Leere, seiner seelisch-geistigen Unausgefülltheit und des Mangels an jeglicher Lebensaufgabe, die über den täglichen Broterwerb hinausgehen und das Leben so recht erst lebenswürdig machen würde. Kein Wunder, wenn der Heidelberger Internist und Krankenhausleiter Professor Plügge bei der Nachuntersuchung und seelischen Perlustrierung von 50 Menschen, die Selbstmord versucht hatten, als letzten und tiefsten Grund ihrer Lebensmüdigkeit nicht etwa Not oder Krankheit, Komplexe oder Konflikte feststellen konnte, sondern immer wieder nur eines: eine unsägliche innere Unerfülltheit – das Ergebnis eines scheinbar sinnlosen Daseins!

Professoren von der Münchner Medizinischen Universitätsklinik Gustav v. Bergmanns haben an Hand ihrer Untersuchungen an ehemaligen KZ-Häftlingen zeigen können, daß auch internistische Erkrankungen, also solche des Herzens, der Lunge, des Magen-Darm-Trakts und des Stoffwechsels, vielfach erst dann auftraten, wenn diese Menschen aus dem Lager, also vom Druck befreit waren. Die beiden Forscher schließen an diese Beobachtung die Überlegung, was es dann wohl sein mag, was den Menschen leiblich und seelisch aufrechterhält, wenn doch eine plötzliche und übermäßige Entlastung wie eine allzu große Belastung gleichermaßen den Menschen krank machen kann, und die Schlußfolgerung lautet, daß der Mensch, wenn er an Leib und Seele gesund bleiben will, vor allem des einen bedürfe: eines angemessenen Lebensziels, einer ihm angepaßten Aufgabe im Dasein, mit einem Wort, daß das Leben an ihn ständig Forderungen stelle, freilich solche, denen er gewachsen ist. Ist das aber nicht die Variation eines Themas, das ich in anderen Zusammenhängen schon wiederholt durchblicken ließ und das ich in einer These von Nietzsche am bündigsten formuliert gefunden habe – dieser Satz von Nietzsche lautet nämlich: Wer ein Warum zu leben hat, erträgt fast jedes Wie; das heißt: wer um den Sinn seines Daseins weiß – er und er allein ist auch noch am ehesten imstande, alle Schwierigkeiten zu überwinden.

Diese Tatsache, dieses Grundgesetz menschlichen Daseins, müssen wir nun aber auch therapeutisch fruchtbar machen. Und hier ist es gerade der Angstneurotiker, der aus dem Teufelskreis seiner um seine Angst kreisenden Gedanken letzten Endes nur dann und erst dann und nur in dem Maße herausgerissen werden kann, als er nicht nur es lernt, seine Aufmerksamkeit vom Symptom abzuwenden, sondern auch es versteht, sich selbst einer Sache zuzuwenden. Je mehr, im Sinne solcher Sachlichkeit, der Kranke eine Sache in den Vordergrund seines Bewußtseins stellt, die sein Leben sinnvoll und lebenswert zu machen vermöchte, um so mehr rückt seine eigene Person und treten damit seine persönlichen Nöte in den Erlebnishintergrund. So ist es denn oft viel wichtiger, als nach Komplexen und Konflikten zu forschen und dadurch das Symptom womöglich aufzulösen, wenn man alles daransetzt, zuerst einmal die Aufmerksamkeit vom Symptom abzulösen. Im Tagebuch eines Landpfarrers von Bernanos findet sich der schöne Satz: Es ist leichter, als man glaubt, sich zu hassen; die Gnade besteht darin, sich zu vergessen. Nun, wir dürfen diese Aussage variieren, und wir können dann sagen, was sich so mancher neurotische Mensch nicht oft genug vor Augen halten kann, nämlich: Viel wichtiger als sich zu *verachten* oder sich viel zu *beachten* – viel wichtiger als dies wäre, sich endlich vollends zu *vergessen,* das heißt, überhaupt nicht mehr an sich selbst zu denken und an all die inneren Gegebenheiten, sondern innerlich hingegeben zu sein an eine konkrete Aufgabe, deren Erfüllung einem persönlich abverlangt und vorbehalten ist. Denn nur auf dem Wege über die Welt finden wir zurück zu unserem Selbst, wie Hans Trüb betont. Und erst in der Hingabe an eine Sache gestalten wir die eigene Person. Nicht durch Selbstbetrachtung oder gar durch Selbstbespiegelung, nicht durch ein Kreisenlassen des Denkens um unsere Angst werden wir frei von dieser Angst, sondern durch Selbstpreisgabe, durch das Sich-Ausliefern und Sich-Hingeben an eine solcher Hingabe würdige Sache. Das ist das Geheimnis aller Selbstgestaltung, und es hat wohl niemand treffender ausgedrückt als Karl Jaspers, wenn er von der „Bodenlosigkeit des auf sich selbst allein gründenden Menschseins" spricht, wenn er vom Menschen sagt, er „werde zum Menschen immer dadurch, daß er sich dem anderen hingibt", und wenn er schließlich schreibt: „Was der Mensch ist, das ist er durch die Sache, die er zur seinen macht."

Mit anderen Worten, menschliche Existenz ist zutiefst gekennzeichnet durch ihre Selbst-Transzendenz. Was ich damit umschreiben will, ist die Tatsache, daß Menschsein allemal über sich selbst hinausweist auf etwas, das nicht wieder es selbst ist – auf etwas oder auf jemanden: auf einen Sinn, den zu erfüllen es gilt, oder auf anderes menschliches Sein, dem wir da liebend begegnen. Und nur in dem Maße, in dem der Mensch solcherart sich selbst transzendiert, verwirklicht er auch sich selbst: im Dienst an einer Sache – oder in der Liebe zu einer Person. Je mehr er aufgeht in seiner Aufgabe, je mehr er hingegeben ist an seinen Partner, um so mehr ist er Mensch, um so mehr wird er er selbst.

Über die Schlaflosigkeit

Der heutige Vortrag ist etwas später angesetzt als bisher, zu einem Zeitpunkt, an dem so mancher unter meinen Hörern vielleicht schon ans Schlafengehen gedacht hat; so mag es denn begreiflich erscheinen, wenn ich auf der Suche nach einem geeigneten Thema für die heutige Sendung eigentlich an dasselbe gedacht habe, nämlich an das Problem des Schlafens als ein psychotherapeutisches, will heißen als seelenärztliches Problem, also in erster Linie an das Problem der Schlaf*störung*. Denn die interessiert den Laien ja hauptsächlich. Über den Schlaf nachzudenken beginnt er ja für gewöhnlich erst, sobald sein Schlaf einmal gestört ist. Nicht anders als der durchschnittliche Mensch, der Nichtarzt, an das Organ Herz erst zu denken beginnt, ja es überhaupt erst zu spüren anfängt, sobald er eine Störung wahrnimmt, also beispielsweise dann, wenn er Herzklopfen hat.

Nun, der Patient, der sich wegen einer Schlafstörung an seinen Arzt wendet, gebraucht fast niemals das Wort Schlafstörung, sondern spricht nahezu immer von Schlaf*losigkeit*. Als ob eine wirkliche Schlaflosigkeit jemals vorkäme. Der sogenannte, sich als solchen bezeichnende Schlaflose unterliegt nämlich einer Selbsttäuschung, indem er nachts immerhin einige wenige Stunden tatsächlich schläft, am Morgen aber zu schwören bereit ist, daß er nicht einen Augenblick geschlafen habe. Und dabei muß man sagen, daß er dieser Täuschung *notwendig* unterliegt, daß er also nicht etwa mehr oder minder bewußt übertreibt. Diese Selbsttäuschung ist ja schließlich einer anderen nahe verwandt, jener nämlich, derzufolge viele Menschen beteuern, daß sie niemals träumen, während sie in Wirklichkeit ihre jeweiligen Träume nur vergessen.

Was nun die Schlafstörung anbelangt, so ist vorweg zu sagen, daß die sogenannten Schlafmittel, also alle medikamentösen

Maßnahmen, die den Schlaf auf chemischem Wege erzwingen sollen, selbstverständlich keine wahre Therapie darstellen. Im Gegenteil, bei ständigem Gebrauch sind sie, auf die Dauer, streng genommen *niemals* harmlos. Trotzdem ist grundsätzlich nichts dagegen einzuwenden, wenn man sie hie und da anwendet bzw. anordnet. Denn etwa im Falle irgendeines akuten Erregungszustandes auf Grund irgendwelcher aktueller Konflikte oder Probleme wird es noch immer besser sein, wenn der betreffende Mensch mit Hilfe von Schlafmitteln, also mittels dieser chemischen Krücke sozusagen, sich den Schlaf sichert, als daß er – zu stolz, um zu dieser Krücke zu greifen, oder zu träge, um den Arzt aufzusuchen – so lange schlaflose Nächte verbringt, bis – *was* inzwischen geschieht? Inzwischen ist das Problem längst gelöst oder der Konflikt längst geschlichtet, aber die Schlaflosigkeit besteht jetzt ohne äußeren Grund weiter, und zwar aus einem inneren Grund heraus, nämlich schon deshalb, weil der Betreffende in der Zwischenzeit begonnen hat, sich vor der Schlaflosigkeit zu fürchten, und diese Furcht allein ist schon imstande, den Schlaf zu verscheuchen: es handelt sich um jenen Mechanismus der Erwartungsangst, bei dem irgendein an sich harmloses und von sich aus auch ganz flüchtiges Symptom im betroffenen Patienten gewisse Befürchtungen erzeugt; diese Befürchtungen aber verstärken das betreffende Symptom, woraufhin dann das solcherart verstärkte Symptom den Patienten in dessen Befürchtungen noch bestärkt. Wir sprechen in diesem Zusammenhang gerne von einem Circulus vitiosus, einem Teufelskreis, in dem sich der Patient verfängt. Egon Fenz wieder spricht vielleicht noch treffender von einer Spirale, in deren Form sich das Krankheitsgeschehen immer höher schraubt. Jedenfalls spinnt sich der Patient in seine Erwartungsangst immer mehr ein, wie in einen Kokon: anfangs hofft er vielleicht noch, das Symptom werde das nächstemal ausbleiben; später fürchtet er sich bereits davor, daß es eintreten wird, und schließlich ist er schon überzeugt davon.

Was ist nun ärztlicherseits, eigentlich aber vom Patienten selbst, gegen diese Erwartungsangst zu tun – im speziellen Fall gegen die den Schlaf verscheuchende ängstliche Erwartung, daß man die kommende Nacht werde schlaflos verbringen müssen? Eine Angst, die sich bis zur sogenannten Bettangst steigern kann: den ganzen Tag über ist der Schlafgestörte müde: kaum aber, daß es Zeit ist, sich zu Bett zu begeben, packt ihn – angesichts eben des Bettes – die Angst vor der nächsten schlaflosen Nacht, er wird unruhig und erregt, und diese Erregung läßt ihn auch schon nicht mehr einschlafen. Nun begeht er den denkbar größten Fehler: er *lauert* auf das Einschlafen! Mit angespannter Aufmerksamkeit verfolgt er verkrampft, was in ihm vorgeht; aber je mehr er seine Aufmerksamkeit anspannt, um so weniger ist er fähig, sich so weit zu entspannen, daß er überhaupt einschlafen *könnte*. Denn Schlaf *heißt* doch nichts andres als völlige Entspanntheit. Und bewußt strebt er den Schlaf an. Aber Schlaf *heißt* doch nichts anderes als Versinken in die Unbewußtheit. Und alles Denken an ihn und alles Schlafen*wollen* ist nur dazu angetan, einen nicht einschlafen zu *lassen*.

Ich kenne einen Mann, der immer die größten Schwierigkeiten hatte, wenn er einschlafen wollte. Eines Tages schlief er wieder einmal mit Mühe und Not tatsächlich ein; da schreckte ihn etwas aus dem leisen Schlummer, und zwar überkam ihn das schlafstörende Gefühl, daß er irgend etwas erledigen wollte, daß er irgend etwas zu tun gedachte. Er wachte auf, und es fällt ihm ein, was er wollte: einschlafen! Erinnert das nicht an die Figur aus einer Posse – einen senilen Herrn, der bei jeder Gelegenheit an sich selbst die Frage richtet: Was habe ich denn nur sagen wollen? Ja richtig: gar nichts.

Es *ist* schon so, wie Dubois einmal gesagt hat: daß der Schlaf einer Taube gleicht, die sich auf die Hand setzt, wenn man die Hand ruhig hält, aber sofort davonflattert, sobald man nach ihr greift: auch der Schlaf wird dadurch, daß man ihn anstrebt, nur verscheucht, und je verkrampfter dies geschieht, um so mehr. Wer ungeduldig aufs Einschlafen wartet und sich darauf hin ängstlich beobachtet, vertreibt den Schlaf.

Was aber soll er *denn* tun? Vor allem eines: er soll seiner Erwartungsangst, der ängstlichen Erwartung einer schlaflosen Nacht, gleichsam den Wind aus den Segeln nehmen, indem er sich vor Augen hält, was unbedingt gilt und was zu wissen für ihn das allerwichtigste ist, und das ist folgendes Grundgesetz: *Den Schlaf, den der Organismus unbedingt braucht, den holt sich der Organismus auch auf jeden Fall.* Das muß man wissen, und aus diesem Wissen soll man schöpfen ein ich möchte sagen Vertrauen zum eigenen Organismus. Gewiß: dieses Minimum an Schlaf ist für jeden Menschen ein bestimmtes und für jeden einzelnen ein verschiedenes. Aber nicht auf die Schlafdauer kommt es dabei an, sondern auf die sogenannte Schlafmenge, und diese Schlafmenge ist das Produkt von Schlafdauer und Schlaftiefe, das heißt, es gibt Menschen, die gar nicht lange schlafen müssen und die das deshalb nicht brauchen, weil sie zwar kurz, aber tief schlafen. Auch bei ein und demselben Menschen ändert sich die Schlaftiefe im Verlauf einer Nacht, und da gibt es verschiedene Typen, je nach ihrer Schlafkurve; die einen schlafen am tiefsten vor Mitternacht, und die andern erreichen das Maximum ihrer Schlaftiefe erst gegen Morgen. Wird so ein Mensch um wenige Stunden seines Morgenschlafes gebracht, so bringt man ihn selbstverständlich um eine größere Schlafmenge als den Typus mit dem Mitternachtsschlaf, dessen Schlafkurve morgens ja bereits verebbt.

Also zunächst keine Angst vor den gesundheitlichen Folgen einer Schlafstörung! Weiter gilt folgendes: Der Schlafgestörte darf, sobald er sich zu Bett begibt, an alles denken, nur nicht an eines: an das Problem Schlaf, Schlaflosigkeit u. dgl. Eher dürfte er sogar an Ereignisse des vergangenen Tages denken; er soll sie nur Revue passieren lassen vor seinem geistigen Auge – das ist nämlich noch immer besser, als wenn er irgendwelche Sorgen oder Fragen unterdrückt, aus dem Bewußtsein verdrängt; denn dann stören sie vielleicht seinen Schlaf und beunruhigen zumindest seine Träume. Es genügt also nicht der negative Vorsatz: ja nur nicht ans Schlafen denken – denn dieser Vorsatz zwingt einen ja, wenn auch in negativem Sinne, doch daran zu denken. Es ergeht einem dann so wie jenem Manne, dem man versprochen hatte, er könne aus Kupfer Gold machen, aber nur unter der Bedingung, daß er während der betreffenden alchimistischen Prozedur zehn Minuten hindurch an kein Chamäleon denke; woraufhin er auch schon an nichts anderes zu denken imstande war als an dieses seltsame Tier, an das er sein Lebtag nicht gedacht hatte.

Wenn es sich nun so verhält, wie ich eingangs behauptet habe: daß das verkrampfte Anstreben und das bewußte Wollen des Einschlafens den Schlaf auch schon verscheucht – wie wäre es dann, wenn sich einer hinlegt und das Einschlafen *nicht* anstrebt, sondern gar nichts anstrebt, ja vielleicht sogar gerade das Gegenteil, zumindest etwas anderes anstrebt als das Einschlafen? Nun, der Erfolg wäre garantiert – der Effekt bestünde garantiert darin, daß er wirklich einschläft. Mit einem Wort: an die Stelle der Angst vor der Schlaflosigkeit muß geradezu die Absicht treten, eine schlaflose Nacht zu verbringen, also der bewußte Verzicht auf den Schlaf – und das reicht, um ein Einschlafen zu garantieren. Man braucht sich bloß vorzunehmen: heute nacht *möchte* ich gar nicht schlafen, heute nacht will ich bloß mich entspannen und an dies oder jenes denken; an meinen letzten Urlaub oder an den kommenden usw. Wenn also, wie wir gesehen haben, das Schlafen*wollen* ein Einschlafen verunmöglicht, so wird schon das scheinbare und zeitweise Schlaflossein*wollen* paradoxerweise den Schlaf herbeiführen. Denn zumindest wird man sich dann nicht mehr vor der Schlaflosigkeit fürchten, ebendamit aber auch schon auf dem besten Wege sein, um in den Schlaf hineinzuschlittern.

Zum Schlusse noch ein paar Worte nicht zur Einschlafstörung, sondern zur Durchschlafstörung: Was soll der Schlafgestörte tun, wenn er zwar abends einschläft, aber nachts aufwacht? Vor allem darf er eines *nicht* tun (was solche Menschen für gewöhnlich leider *ja* tun): er darf nicht Licht machen – er darf nicht auf die Uhr sehen, er darf nicht nach einem Buch greifen, und er darf schließlich nicht an berufliche Vorhaben des nächsten Tages zu denken beginnen. Sondern was er einzig und allein tun soll, ist eines: nach einem Zipfel haschen dessen, was er zuletzt geträumt hat, und in Gedanken wieder dort anknüpfen. Mit einem Wort: man darf es gar nicht erst darauf ankommen lassen, daß man aus der Traumstimmung herausfällt. Und was soll man tun, wenn man zwar erst morgens aufwacht, aber zu früh, wenn man also beispielsweise geweckt wird, und zwar auf unliebsame Weise, durch lärmende Nachbarn o. dgl.? Dann gibt es nur eines: sich nur nicht dem Ärger über diese gewaltsame Störung hingeben; denn für gewöhnlich ist es ja erst dieser Ärger über das Gewecktwerden, der einen nicht mehr einschlafen läßt. Aber man darf nun auch aus diesem Ärger kein Chamäleon machen, indem man sich etwa vornimmt, sich *nicht* zu ärgern, und ebendadurch erst recht sich ärgert, nämlich über den Ärger ärgert. Tatsächlich kann man einen verärgerten Menschen durch nichts so sehr nur noch mehr ärgern als dadurch, daß man ihm vorhält: Mensch, ärgere dich nicht! Und so hilft denn demjenigen, dessen Schlaf nun einmal gestört wurde, wenn er sich nicht dem Ärger hingibt, sondern z. B. der Vorstellung, er müßte jetzt, so früh am Morgen, das Bett verlassen und irgendeine mißliche Arbeit verrichten u. dgl. m.; sobald er sich solchen Phantasien hingibt, überkommt ihn nämlich eine derartige Faulheit, daß er über kurz oder lang wieder einschläft. Damit wäre ich am Schlusse meiner fragmentarischen Ausführungen über Schlafstörungen, und es kann mich nur freuen, wenn es mir gelungen sein sollte, durch diesen meinen spätabendlichen Vortrag auch im einen oder anderen meiner Hörer jenen Grad von Faulheit und Müdigkeit herbeizuführen, der ausreicht, um ihm zumindest für heute einen guten Nachtschlaf zu garantieren.

Hypochondrie und Hysterie

Heute soll die Rede sein von zwei seelischen Krankheitszuständen, die zwar mit einem der altgriechischen Sprache entnommenen Ausdruck belegt wurden, aber trotz dieses ihres Fremdwortcharakters in vieler Laien Munde sind: von der Hypochondrie und von der Hysterie. Du bist ein Hypochonder – oder Sie sind eine Hysterikerin: das sind nicht nur häufige Laiendiagnosen; sondern diese Fremdwörter sind geradezu Schimpfworte. Um so mehr mag dies ein Grund für uns sein, sie unter die Lupe unserer zwar gemeinverständlich sein sollenden, aber trotzdem wissenschaftlich bleiben wollenden Überlegungen und Betrachtungen zu nehmen.

Gehen wir doch wieder einmal von einem konkreten Falle aus: Bei uns erscheint eine Patientin, die seit Jahr und Tag an den heftigsten Herzbeschwerden leidet; mehr aber leidet sie an einer quälenden Angst, und zwar an der Befürchtung, hinter diesen Beschwerden könnte sich eine ernste Herzkrankheit verbergen, gar eine, die über kurz oder lang zum Tode führen müßte. So war es denn gekommen, daß diese Frau bereits Monate hindurch nicht mehr, oder wenn, so nur in Begleitung, das Haus verlassen hatte – aus Angst, es könnte ihr auf der Straße etwas zustoßen, sie könnte kollabieren, das heißt zusammenstürzen, oder gar vom Herzschlag getroffen zusammenbrechen. Gehen wir nun auf die Vorgeschichte all dieser typisch hypochondrischen Befürchtungen ein, so läßt sich folgendes erheben: Vor Jahr und Tag war die Kranke einmal wirklich an einer wenn auch leichten Affektion ihres Herzens erkrankt, und zwar war dies im Zusammenhang mit einem sogenannten grippösen Infekt der Fall gewesen: im Anschluß an eine hoch fieberhafte Grippe waren Herzbeschwerden wie Herzkrämpfe u. dgl. aufgetreten. Der Hausarzt veranlaßte daraufhin eine EKG-Untersuchung, und als er den EKG-Befund in Händen hielt, schüttelte er den Kopf und sagte: Nun ja, ein Myokardschaden ... Mehr aber hatte unserer Kranken auch nicht gefehlt. Auf jeden Fall sah sie in der Diagnose „Myokardschaden" mehr oder weniger so etwas wie ein Todesurteil. Vergessen wir nicht, wie recht einst Karl Kraus hatte, als er die Worte hinschrieb: eine der verbreitetsten Krankheiten ist die Diagnose – er meinte damit wohl, daß so mancher Kranke, so mancher Leidende, eigentlich viel mehr als an seiner eigentlichen Krankheit darunter leidet, daß diese Krankheit ärztlicherseits diagnostiziert und etikettiert wurde, und diese Etikette pickt sozusagen: semper aliquid haeret – sagt der Lateiner: immer bleibt etwas hängen, bleibt etwas kleben, und der Mensch, zumal der kranke, neigt nun einmal dazu, einer diagnostischen Bezeichnung eher eine ungünstige prognostische Bedeutung beizumessen.

Kehren wir aber zu unserer Kranken zurück! Kaum, daß sie um die EKG-Diagnose „Myokardschaden" gewußt hatte, nämlich sogleich am nächsten Tag, begegnete sie einer Bekannten. Nun, wovon war die Rede? Selbstverständlich von ihrem Myokardschaden; woraufhin die Bekannte meinte: Aha, wissen Sie, meine Tochter hat nämlich auch einen Myokardschaden, und die fällt jeden Augenblick zusammen. Nunmehr begann unsere Patientin, sich vor solch einem Zusammenfallen, vor einem Kollaps zu fürchten, und wir wissen bereits aus früheren Vorträgen, wie sehr die Furcht geeignet ist, das, was sie fürchtet, auch schon heraufzubeschwören. Wie der Wunsch der Vater des Gedankens, so sei, sagten wir damals, die Furcht die Mutter des Geschehens, nämlich des Krankheitsgeschehens. Auch die Furcht vor einem Kollaps, wie unsere Patientin sie hegte, führte alsbald zu allerhand Mißempfindungen. Und die führten sie wieder und immer wieder zu ihrem Arzt – bis der ein neuerliches EKG anfertigen ließ, und, siehe da, der Befund hatte sich völlig normalisiert, aber die Beschwerden waren geblieben. Und was tat der Arzt? Er erklärte der Patientin gegenüber, das sei alles nur nervös, sie bilde es sich nur ein, sie rede es sich nur ein und solle es sich auch wieder ausreden. Damit war unserer Kranken aber nicht gedient; denn sie fühlte sich jedenfalls krank und in ihrem Kranksein seitens ihres Arztes zu wenig ernst genommen: sie dachte, der Arzt bagatellisiere ihre Beschwerden; denn was ich spüre, so dachte sie, das spüre ich ja, und das ist doch gewiß nicht normal. Ja, die beruhigende Behauptung ihres Arztes, es fehle ihr weiter nichts, zumindest nichts Organisches mehr, war nur dazu angetan, eine Protesthaltung zu provozieren, und dieser Protest fixierte immer mehr die Aufmerksamkeit unserer Patientin auf ihre Mißempfindungen.

Solche Menschen vergessen nämlich, daß es ja keine „bloße" Nervosität gibt; denn schließlich ist ja auch Nervosität eine Krankheit. Aber auch abgesehen davon: die betreffenden nervösen Mißempfindungen entstehen, wie gesagt, vorwiegend durch die früher begreifliche, später aber grundlos gewordene übermäßige Aufmerksamkeitszuwendung zum erkrankt gewesenen Organ, sagen wir dem Herzen. Nun müssen solche Patienten bloß bedenken, daß es auch für einen Gesunden genügt, wenige Minuten lang die Aufmerksamkeit etwa auf die eine Hand zu lenken, um dort bald irgendwelche Mißempfindungen (wie Ameisenlaufen, Pulsieren usw.) wahrzunehmen: unangenehme Empfindungen, die doch gewiß nichts weiter bedeuten. Und schließlich, so mögen sich solche Kranken vor Augen halten, ist es doch zweifellos noch immer besser, wenn man irgendwelche unangenehmen Empfindungen hat und einem von ärztlicher Seite versichert wird, daß nichts Organisches dahintersteckt – das ist doch noch immer der günstigere Fall als der umgekehrte: daß man nämlich nichts spürt und dennoch irgendeine eben schleichend verlaufende, gefährliche, heimtückische Krankheit in einem steckt. Für alle Fälle möchte ich jedem zum Ausspinnen hypochondrischer Befürchtungen neigenden Menschen den Rat geben, seinen Arzt lieber ein paarmal zuviel als einmal zu wenig zu fragen; denn ich kann das lehrreich warnende Beispiel nicht vergessen: wie da einmal eine Patientin, eben eine sogenannte Hypochonderin, auf meine eindringlichen Vorhalte hin, daß ihr doch weiter nichts fehle (nichts weiter zumindest als ihre Ängstlichkeit und Krankheitsfurcht) – wie die mir damals entgegenhielt: O nein, Herr Doktor, ich weiß zufällig ganz genau, wie krank ich bin; ich weiß ganz genau, was mir fehlt; ich habe es nämlich schwarz auf weiß, und zwar in meinem Röntgenbefund, gelesen: ich leide an einem Corpulmo. Ich aber erlaubte mir die Frage, ob vielleicht die zwei Buchstaben o. B. dabei gestanden seien, und sie bejahte. Und nun konnte ich ihr erklären: Cor-Pulmo heißt Herz-Lunge, und o. B. heißt soviel wie normaler Befund. Hätte sie gleich gefragt, dann hätte sie gleich eine beruhigende Antwort erhalten.

Aber nicht nur, daß herzlich wenig getan ist, wenn wir uns darauf beschränken, solche leidenden – wenn auch nur an Krankheitsfurcht, so doch leidenden Menschen abzutun, indem wir sie als Hypochonder abstempeln: ärger ist es, wenn wir sie als Hysteriker hinstellen. Wird doch die Diagnose – besser: die charakterologische Kennzeichnung eines Menschen als eines Hysterikers immer irgendwie ehrenrührig empfunden. Längst schon ist sie mehr eine moralische Stigmatisierung und kaum noch eine psychologische Qualifizierung. Was versteht aber die moderne Psychiatrie unter Hysterie? Hier wird unterschieden zwischen hysterischen Mechanismen und Reaktionen einerseits und dem hysterischen Charakter andererseits. Hysterie als eigentliche Krankheit etwa im Sinne der klassischen Lehre von Charcot, also die sogenannte „große" Hysterie mit ihren Anfällen und Lähmungen, bekommt der Psychiater von heute kaum mehr zu Gesicht: da ist ein Symptomenwandel eingetreten. Was aber den hysterischen Charakter anlangt, wären folgende drei wesentliche Charakterzüge anzuführen: 1. die Unechtheit solcher Menschen, 2. ihr krankhafter Egoismus und 3. ihr berechnendes Wesen. Unecht sind diese Menschen – das heißt: sie gelten als überspannt, alles an ihnen wirkt übertrieben, und dies stammt letzten Endes von einem Gegenteil, das sie auszugleichen und wettzumachen bestrebt sind. Diese Menschen leiden nämlich zutiefst an einer Erlebnisarmut, und die ist es, die in ihnen einen Erlebnis*hunger* erzeugt. Mag sein, daß die besondere Suggestionsbereitschaft, also die suggestive Beeinflußbarkeit dieser Menschen, aber auch ihre Konversionsbereitschaft – das heißt: ihre Fähigkeit, seelische Inhalte in körperlichen Krankheitszuständen zum leiblichen Ausdruck zu bringen, mag sein, daß auch dies Kompensationen darstellt der inneren Armut, die den Hysteriker auszeichnet. Hiezu aber tritt, eben als zweites typisches Charakteristikum, die innere Kälte, die kalte Berechnung, die Tatsache, daß beim Hysteriker alles als Mittel zum Zweck im Dienste des Egoismus steht; und so wirkt er immer theatralisch, ist er immer auf Wirkung bedacht, und alles an ihm wirkt letztlich gespielt und gemacht.

Einen solchen Menschen heilen würde heißen, ihn zu einem ganz anderen Menschen zu machen, ihn gänzlich umerziehen, nacherziehen. Ob dies möglich ist und wie, ist eine Frage, deren Beantwortung zu kompliziert wäre, zu vielschichtig, als daß ich sie vor Laien auch nur aufrollen dürfte. Nur eines sei gesagt: der Hysteriker spielt Theater, und in diesem Theater führt er Regie; wenn wir ihm nun die Zuschauer liefern, dann leisten wir seiner Hysterie nur Vorschub, dann spielen wir mit – und seiner

Krankheit in die Hände. Wollen wir ihm, soweit es geht, helfen, so müssen wir zunächst dafür sorgen, daß ihm das Publikum fehlt: wir müssen ihn um die Publikumswirkung bringen. Wie man das macht, ist eine allzu konkrete Frage, die sich nur von Fall zu Fall, nur im konkreten Einzelfall beantworten ließe. Sie ist auch schon deshalb keine Frage für den Nicht-Arzt, weil er ja niemals wissen kann, wann eine Hysterie vorliegt. Ich habe schon Dutzende von Fällen gesehen, in denen Nicht-Ärzte Hysterie diagnostiziert hatten und in Wirklichkeit organische, auch schwere organische Krankheiten vorgelegen waren. (Tatsächlich untersagt das österreichische Ärztegesetz jedem Nicht-Arzt die Ausübung der Psychotherapie.) Wenn es sich aber einmal wirklich um eine Hysterie, um ein hysterisches Symptom, um ein hysterisches Theater handeln sollte, dann möchte ich Ihnen das oben genannte therapeutische Prinzip: die Hysterie um ihre Wirkung zu bringen – an Hand eines wirklichen Ereignisses illustrieren:

Eines Tages stand vor irgendeinem Amte eine große Menschenmenge Schlange. Da löste sich eine Frau in mittleren Jahren aus der Masse, ging vor bis zu jenem Beamten, der da für Ordnung zu sorgen hatte, und sprach ihn mit folgenden Worten an: „Herr Ordner, mich müssen Sie vorlassen; wissen Sie, ich bin nämlich herzkrank, und wenn ich lange stehen muß, dann falle ich zusammen. Was haben Sie davon? Nichts als Scherereien! Sie müssen die Rettung verständigen usw. Werden Sie sehen, ich falle Ihnen zusammen.“ Woraufhin der betreffende Beamte – einerseits die organische Gesundheit und andererseits den hysterischen Charakter intuitiv diagnostizierend – seelenruhig zur Antwort gab: „Was heißt, *mir* werden Sie zusammenfallen? Sich werden Sie zusammenfallen!“ Mit einem Wort: Wer im hysterischen Theater nun einmal Regie führt, der möge auch für die Regien aufkommen: der Patient soll die Konsequenzen tragen.

Und die therapeutische Geschicklichkeit fängt genau dort an, wo man einen hysterischen Mechanismus abzustoppen imstande ist, ohne den Patienten zu kränken. Denn, wie gesagt, auch Hysterie ist eine Krankheit.

Um die Liebe

Wenn man den Schlagertexten glauben darf, dann gibt es auf der Welt nichts Wichtigeres, ja überhaupt nur ein einziges Etwas, das wichtig genug ist und vor allem würdig genug, um dafür zu leben, und das wäre die Liebe. Aber sagt nicht ähnliches schließlich und endlich auch die Psychoanalyse aus, eingekleidet in wissenschaftliche Formulierungen? Und der bedeutende Schweizer Psychiater Ludwig Binswanger hat der Philosophie von Martin Heidegger ein eigenes Lehrgebäude entgegengestellt, in dem er an die Stelle dessen, was nach Heidegger menschliches Dasein letztlich und eigentlich auszeichnet, nämlich des In-Sorge-Seins – an die Stelle der Sorge und in den Mittelpunkt des Lebens die Liebe setzt oder, wie sich Binswanger selber ausdrückt, das liebende Miteinandersein von Menschen, das deren von ihm so benannte Wirheit stiftet. Nun, wir sehen, wie sehr wir es bei dem Wort Liebe mit einem Ausdruck zu tun haben, der für die verschiedensten Begriffe steht: das eine Mal – bei den Schlagertexten – für den Flirt, das andere Mal – bei der Psychoanalyse – für den Geschlechtstrieb, als eine ungestaltete Weise des Getriebenseins vom Physiologischen und Biologischen her; schließlich war die Rede von Liebe in jenem streng ontologischen bzw. anthropologischen Sinne, in dem Binswangers sogenannte Daseinsanalyse den Ausdruck gebraucht. Und je nachdem, in welchem dieser Sinne von Liebe jeweils gesprochen wird, je nachdem ist es richtig oder aber verfehlt, von der Liebe als der Mitte oder der höchsten Höhe menschlichen Daseins zu sprechen.

Angesichts der Frage, was Liebe ist, gehen wir vielleicht am besten von der Frage aus, was nicht Liebe ist; nun, wollten wir den Schlagertextdichtern Glauben schenken, was wäre da nicht alles Liebe. Nun, jeder Unbefangene wird es ablehnen, einen Menschen, der seine Liebe beteuert einem Mädchen gegenüber, das er soeben kennengelernt hat und das die von ihm bevorzugten Eigenschaften, blonde Haare und blaue Augen, besitzt, jeder Unbefangene wird es ablehnen, sage ich, einen solchen Menschen als einen Liebenden zu bezeichnen. Man dürfte wohl nicht fehlgehen in der Annahme, daß es sich hierbei um etwas Triebhaftes handelt. Aber auch in einem anderen Falle, nämlich im Falle eines Menschen, der für einen Filmstar schwärmt, wird kaum jemand von Liebe im engeren Wortsinn zu sprechen bereit sein, auch wenn es in diesem Falle nicht wie im vorigen um Eigenschaften gehen mag, auf die ein Trieb anspricht, vielmehr um Eigenarten wie das Lächeln oder die Stimme. Mit Liebe hat all dies nichts zu tun, vielmehr wird man in letzterem Falle wohl von Verliebtheit sprechen müssen.

Anders freilich, wenn es sich nicht mehr um irgendwelche Eigenschaften oder Eigenarten handelt, die einer hat, als vielmehr um das, was einer überhaupt nicht hat, sondern ist, also um den Träger jener Eigenschaften bzw. Eigenarten, und zwar um ihn, diesen Menschen, in seiner Einzigartigkeit und Einmaligkeit, mit einem Wort: wenn es sich um die Person handelt, die hinter all den Eigenschaften bzw. Eigenarten steht. Ihrer so recht ansichtig zu werden, ihr zu begegnen, heißt lieben.

Liebe meint also nicht den wesentlich anonymen Partner z. B. triebhafter Beziehungen: einen Partner, der durchaus auswechselbar ist mit einem beliebigen Träger identischer Eigenschaften, denn der bloß triebhaft Eingestellte oder der Verliebte meint ja gar nicht die Person, sondern einen Typus. Daher kommt es auch, daß Liebe sozusagen unübertragbar ist, wovon sich jeder überzeugen kann, sobald er sich fragt, ob er, im Falle des Todes eines Menschen, den er liebt, an dessen Stelle ein Double zu lieben vermöchte, sagen wir die Zwillingsschwester bzw. den Zwillingsbruder des geliebten Wesens. Der Partner einer rein triebhaften Beziehung (aber auch der Partner einer bloß gesellschaftlichen Beziehung) ist mehr oder weniger anonym. Aber dem Partner einer echten Liebesbeziehung begegnet man durchaus als einer Person – er wird jeweils als ein Du angesprochen. So daß wir formulieren können: *Lieben heißt Du sagen können zu jemandem;* lieben heißt aber nicht nur Du sagen können zu einem, sondern auch ein anderes: Ja sagen können zu ihm; also nicht nur einen Menschen in seinem Wesen erfassen, in seiner Einmaligkeit und Einzigartigkeit, wie wir es vorhin nannten, sondern auch ihn in seinem Wert bejahen. Nicht nur also einen Menschen in seinem So-und-nicht-anders-Sein sehen, sondern zugleich auch mehr als das: sein Seinkönnen – sein Sein*sollen* mitsehen, das heißt, sehen nicht nur, wie er wirklich ist, sondern auch was alles er werden kann bzw. was er werden soll. Mit anderen Worten, nach einem schönen Wort Dostojewskis: Lieben heißt den anderen Menschen so sehen, wie Gott ihn gemeint hat.

Es kann also gar nicht die Rede davon sein, daß wirkliche Liebe etwa blind macht – dies gälte höchstens von der Verliebtheit; sondern wirkliche Liebe macht den Menschen recht eigentlich erst sehend, ja nicht nur dies, sondern sie macht ihn hellsichtig, sie macht ihn geradezu seherisch; denn die Wertmöglichkeiten des geliebten Wesens sehen, heißt ja sehen, was bloße Möglichkeit ist, also noch gar keine Wirklichkeit, noch nichts Verwirklichtes, sondern noch zu Verwirklichendes.

Nach alledem könnte man nun den Eindruck haben, als ob Liebe, auch die Liebe zwischen Mann und Weib, mit triebhaftem Geschehen herzlich wenig zu tun hätte. Dies stimmt aber keineswegs; vielmehr läßt sich sagen, daß die Liebe der Triebhaftigkeit durchaus bedarf; aber auch die Triebhaftigkeit bedarf der Liebe. Inwiefern bedarf die Liebe des Geschlechtstriebs? Insofern, als sich die Liebe des triebhaften Geschehens bedient, und zwar als ihres Ausdrucksmittels, so daß sich füglich sagen läßt: menschliches Geschlechtsleben beginnt dort erst menschlich, will heißen menschen*würdig*, zu sein, wo es auch schon mehr ist als bloßes Geschlechtsleben, wo es eben Liebesleben ist. Was im besonderen die Auffassung des Liebes- oder, wie man besser sagen könnte, des Ehelebens als eines bloßes Fortpflanzungsmittels anbelangt, so ist gerade eine solche Auffassung so recht dazu angetan, die Ehe, zumindest im Falle, wo sie kinderlos bleibt, ihres davon eben unabhängigen Sinnes zu berauben. Solche Einschränkung des Wertgesichtsfelds, eine solche Abblendung der Sinnfülle menschlichen Daseins, mit einem Wort: eine solche „Verblendung" – führt, wie jede Verblendung, mitten hinein in die Verzweiflung; denn aller Verzweiflung liegt Verblendung zugrunde, das heißt Überwertung eines Wertes, der einen eben blendet, so daß man „blind" wird für alle anderen Werte.

Wie arm wäre jedoch das Leben, würde es nicht auch noch andere Möglichkeiten bieten, um es sinnvoll zu gestalten, um es mit Sinn zu erfüllen, und ich muß sagen, was wäre das auch schon für ein Leben, dessen Sinn damit stünde und fiele, daß man heiratet und Kinder kriegt! Durch eine solche Auffassung wird das

Leben eigentlich entwertet, und im besonderen wird das Leben einer Frau entwürdigt.

Inwiefern bedarf menschliche Triebhaftigkeit der Liebe? Insofern, als jede normale Triebentwicklung die Liebesfähigkeit des jungen Menschen zur Bedingung und Voraussetzung hat. Die Liebesfähigkeit ist so recht richtunggebend für den Prozeß der Triebreifung: sie gibt der Triebhaftigkeit überhaupt erst die Richtung; sie richtet den Trieb aus und ordnet ihn hin, nicht nur auf ein Triebziel, sondern auch auf ein Triebobjekt, um mich dieser begrifflichen Antithese von Freud zu bedienen, nämlich eben auf die Person des jeweils geliebten Partners. Nur in dem Maße, in dem der Trieb solcherart ausgerichtet ist und hingeordnet auf die Person des anderen, des Geliebten, nur in diesem Maße läßt sich der Trieb auch einordnen und unterordnen der eigenen Person. Nur dann erst ist auch die Gewähr gegeben für eine endgültige und ausschließliche Partnerwahl.

Die Reifung des Trieblebens besteht also in einer zunehmenden Integrierung der Triebhaftigkeit durch die Person. Aber nur ein Ich, das ein Du intendiert, kann das Es integrieren!

Wir sprachen von einem Prozeß der Integration, also der Vereinheitlichung und Verganzheitlichung des Triebhaften durch die Person, einem Prozeß des Personiertwerdens, des Durchklungenseins von der personalen Mitte her; es gibt nun zweierlei Momente, die diesen Integrationsprozeß scheitern lassen können: er kann mißlingen erstens durch Entmutigung und zweitens durch Enttäuschung. Durch Entmutigung, wenn man sich den Aufbau einer geglückten Liebesbeziehung gar nicht als möglich vorzustellen vermag, und durch Enttäuschung, wenn der junge Mensch bereits auf dem besten Wege dazu war, eine echte Liebesbeziehung aufzubauen, aber vom Partner zurückgewiesen wird und nun in seiner Entwicklung zurückfällt. Solche Menschen stürzen sich dann in die Betäubung, sie stürzen sich in den Rausch bloß triebhaften Genusses, bloßer Triebbefriedigung. In solchen Fällen werden nicht die Triebe verdrängt, nein, es ist die Liebe, die da verdrängt wird, von den Trieben verdrängt wird! Freilich kommt es dann notwendigerweise nicht nur zu einer Kompensation, zu einem Ausgleich, sondern zu einer Überkompensation, einem Mehr-als-Wettmachen; es kommt dann nämlich dazu, daß die Quantität an die Stelle der Qualität rückt – konkret gesprochen: für das gesuchte und ersehnte Liebesglück muß bloße Triebbefriedigung herhalten; und je weniger ein

Mensch noch an die Möglichkeit glaubt, zu einer Erfüllung seiner Liebessehnsucht zu gelangen, um so mehr wird er sich vor die Notwendigkeit gestellt sehen, bloß möglichst viel Triebbefriedigung einzuheimsen. Das Tragikomische an alledem oder, wenn ich so sagen darf: das Satyrspiel – ist nur, daß sich der Betreffende wie ein Held gebärdet, während er in Wirklichkeit ein Schwächling ist, nicht imstande, sich ein wahres Liebesglück zu schaffen.

Aber es muß nicht etwa nur so sein, daß eine Liebesenttäuschung solcherart kompensiert wird; sondern es kann sehr wohl auch geschehen, daß eine Enttäuschung des Menschen hinsichtlich seines Ringens um einen Daseinssinn, daß eine solche existentielle Enttäuschung kompensiert wird durch sexuelle Betäubung, und es geschieht dies in all jenen Fällen, in denen ein Mensch in seinem Willen zum Sinn, wie wir ihn genannt haben, scheitert; je mehr dann dieser sein Sinnanspruch ans Leben leer ausgeht, nur um so mehr wird die Triebbefriedigung zum Mittel zum Zweck, und zwar zum Zweck des Genusses, also zum Genußmittel; aber mehr als dies: dann ist auch der Genuß selber und seinerseits längst schon ein bloßes Mittel zum Zweck geworden, nämlich zum Zwecke der Betäubung.

Ich fasse also zusammen: Der Mensch ist letztlich und ursprünglich von einem Willen zum Sinn beseelt – um nicht zu sagen: begeistet –, von einer Sehnsucht nach möglichster Sinnerfüllung seines Daseins und demgemäß ringend um einen Lebensinhalt, seinem Leben diesen Sinn abringend. Und wir glauben, daß erst dann und nur dort, wo dieser Wille zum Sinn unerfüllt geblieben ist – nur dort und erst dann versucht der Mensch, ebendiese innere Unausgefülltheit zu betäuben und sich zu berauschen durch nur um so mehr Triebbefriedigung. Mit anderen Worten: der Wille zur Lust tritt erst dann auf den Plan, wenn der Mensch mit seinem Willen zum Sinn leer ausgeht; dann fängt der Mensch überhaupt erst an, dem Lustprinzip im Sinne der Psychoanalyse unterstellt zu sein. Nur in ein existentielles Vakuum hinein wuchert die sexuelle Libido!

Über Angst- und Zwangsneurosen

In einem anderen Zusammenhang habe ich einmal davon gesprochen, daß es keineswegs angeht, die Neurosen in ihrer Entstehung einfach darauf zurückzuführen, daß der betreffende Patient irgendwann einmal, in frühester Kindheit, einen Schock erlebt oder ein Trauma erlitten hat. Denn, so sagte ich damals, es ist jeweils noch die Frage, wie sich der Mensch zu all dem, was er erlebt, *einstellt,* und erst von dieser Einstellung hängt es überhaupt ab, ob er vom sogenannten Trauma, also von seiner seelischen Verletzung sozusagen, eine seelische Narbe zurückbehält, also einen Dauerschaden abbekommt.

Heute möchte ich mich zunächst den allfälligen somatischen Grundlagen neurotischer Erkrankungen zuwenden. Dabei soll von der Angstneurose ausgegangen werden, und zwar im besonderen von der Platzangst. In bezug auf sie läßt sich nun sagen, daß man immer wieder sieht, wie von dieser Angst betroffene Menschen deutlich Symptome einer Überfunktion der Schilddrüse aufweisen. Ebensogut könnte man natürlich auch sagen, sie leiden an einer Übererregbarkeit des einen der beiden vegetativen Nerven, nämlich des Sympathikus, sofern es überhaupt erlaubt ist, zwischen der Funktion dieses Lebensnerven und der seines Gegenspielers, des Vagus, zu unterscheiden. Immerhin und jedenfalls gilt, daß sich die gekennzeichnete nervöse Übererregbarkeit feststellen läßt, und die Frage ist nur, inwieweit wir es hierbei mit einem Ursache- und Wirkungsverhältnis zu tun haben, inwieweit dieses Verhältnis umkehrbar ist und inwieweit hier eine Wechselwirkung vorliegen mag. Denn es ist klar, daß ebenso wie eine Übererregbarkeit des Sympathikus eine gewisse Angstbereitschaft mit sich bringt, sozusagen als seelische Spiegelung, als psychischen Überbau – daß ebenso die Ängstlichkeit eines Menschen umgekehrt den Sympathikus in einen Erregungszustand versetzen wird. Halten wir vorderhand das eine fest: eine eventuell von Haus aus bestehende Reizbarkeit oder aber eine gelegentliche Gereiztheit des Sympathikus, also dessen Reizzustand, wird im seelischen Bereich zum Ausdruck kommen in Form von Angstbereitschaft.

Haben wir es dann aber auch schon mit einem Fall von Angstneurose, nämlich im Sinne einer manifesten Neurose, also faktischer Erkrankung, zu tun? Nein! Vielmehr muß zu dieser bloßen Angstbereitschaft erst noch etwas hinzutreten, etwas Neues hinzukommen, und zwar muß sich dieser Angstbereitschaft erst ein uns Nervenärzten wohlbekannter seelischer Mechanismus bemächtigen. Erst dann hat die Geburtsstunde der eigentlichen Neurose geschlagen. Und was ist dieser Mechanismus? Es ist die von mir wiederholt schon besprochene und in ihrer Bedeutung hervorgekehrte Erwartungsangst. Lassen Sie mich ein Beispiel geben, wie diese Angst sich auswirkt. Nehmen wir an, jemand ist von Haus aus labil und neigt zu Schweißausbrüchen. Eines Tages begegnet er seinem Vorgesetzten oder irgendeiner anderen gesellschaftlich höhergestellten Person. Was wird geschehen? Er wird aus lauter Angst und vor lauter Erregung zu schwitzen beginnen und dabei merken, daß er auch an der Hand, die er zu reichen gezwungen ist, merklich schwitzt. Fällt ihm dies auf, dann kann sehr wohl geschehen, daß er das nächste Mal sich davor fürchtet, dasselbe könnte abermals passieren und ihn in die gleiche Verlegenheit bringen. Was geschieht aber wirklich? Die bloße Angst vor einem Schweißausbruch treibt ihm schon den Schweiß, nämlich den Angstschweiß, in die Poren, er wird also erst recht zu schwitzen beginnen; mit einem Wort, wir sehen, wie ein Symptom, im konkreten Falle das Schwitzen, eine entsprechende Befürchtung erzeugt, wie diese Furcht dann, die Erwartungsangst, will heißen die ängstliche Erwartung des Symptoms, nur dazu angetan ist, eben dieses Symptom zu verstärken, und wie schließlich das solcherart verstärkte Symptom den Patienten in seiner Befürchtung nur noch bestärkt. Damit schließt sich ein Teufelskreis oder, besser gesagt, schließt sich der Patient in diesen Teufelskreis ein, spinnt er sich in ihn ein wie in einen Kokon. Wir alle kennen das alte Sprichwort: Der Wunsch ist der Vater des Gedankens. Nunmehr können wir sagen, *wenn der Wunsch der sprichwörtliche Vater des Gedankens, so ist die Furcht die Mutter des Geschehens*, und zwar, wie sich zeigt, auch des Krankheitsgeschehens.

Kehren wir nun aber zur Angstneurose zurück, so ergibt sich, daß bei ihr die Erwartungsangst sich auf etwas Spezielles bezieht, so zwar, daß im Falle der Angstneurose das, wovor der Betreffende sich so sehr ängstigt, das, was er so ängstlich erwartet, die Angst selbst ist. Mit einem Wort, der Angstneurotiker hat Angst vor der Angst. Und insofern hält er es mit F. D. Roosevelt, der in einer seiner berühmten Chatteries at the Fireplace gesagt hat: Wir haben nichts so sehr zu fürchten wie – die Furcht selbst.

Fragen wir aber weiter, gehen wir tiefer, fragen wir doch den Patienten selbst nach dem näheren Grund, aus dem er Angst hat vor seiner Angst. Und es wird sich herausstellen, daß er sich insofern vor ihr fürchtet, als er sich vor allen möglichen Folgezuständen ängstlicher Erregung fürchtet: er fürchtet sich davor, er könnte auf freien Plätzen kollabieren oder es könnte ihn auf offener Straße der Schlag treffen, sei es der Herzschlag, sei es ein Hirnschlag. Und hier hat auch schon die Psychotherapie – wir sehen von der gleichzeitigen Somatotherapie ab – einzusetzen, indem sie ihm klarmacht, wie unbegründet all diese Befürchtungen durchwegs sind. Ja mehr als dies: im Rahmen der Psychotherapie wird man den Patienten dazu anhalten müssen, daß er keinesfalls vor seiner Angst davonläuft (paradoxerweise indem er daheim bleibt). Daß er vielmehr versuchen soll, gerade all das, wovor er sich so sehr fürchtet, wenn auch nur für Bruchteile von Sekunden, sich geradezu zu wünschen. Sobald nämlich an die Stelle der Furcht ein Wunsch tritt, ist aller Angst der Wind aus den Segeln genommen. Die dumme Angst ist dann die Klügere und gibt als solche nach.

Lassen Sie mich all dies an Hand von konkreten Fällen illustrieren. Da kommt eines Tages ein Kollege zu mir, der nicht Fachkollege ist, sondern Chirurg und der unsäglich darunter zu leiden hat, daß er, der an einer Klinik tätig ist, beim Operieren im Augenblick zu zittern beginnt, sobald sein Chef, der Klinikvorstand, den Operationssaal betritt. Mit der Zeit begann er auch dann zu zittern, wenn er bloß jemandem Feuer geben sollte, nämlich aus lauter Angst, daß der andere seine Zittrigkeit bemerken könnte und sich dann denken, mein Gott, wenn der schon beim bloßen Feuerreichen so zittert – ich möchte mich von dem nicht operieren lassen. Nur ein einziges Mal hatte er bei einer solchen Gelegenheit nicht gezittert: da war er mit einem Bekannten in einem Zug gefahren, der so recht rüttelte und schüttelte. Als er nun dem Bekannten Feuer geben mußte und in dieser Situation endlich einmal allen Grund und das Recht dazu gehabt hätte, zittrig zu sein, war von Zittern nichts zu merken. Warum?

Einfach deshalb, weil er sich jetzt, und nur jetzt, nicht vor dem Zittern zu fürchten hatte. Nun war der Beweis erbracht, ein für allemal, und man hatte den Kranken (den kranken Arzt) nur eindringlich genug darauf aufmerksam zu machen – es war der Beweis erbracht, daß es jeweils die Furcht allein gewesen war, die das Zittern bewirkt hatte.

Ich spreche gerade von diesem ärztlichen Patienten deswegen, weil ich gerne auch davon sprechen möchte, was die Folge seiner Behandlung war, nämlich nicht nur seine eigene Befreiung von der Zitterfurcht und in einem damit vom Zittern selbst; sondern auch eine andere Patientin wurde von ihrer, von der gleichen Neurose befreit. Dies kam so zustande: Ich sprach von diesem Fall in einer meiner Vorlesungen vor Medizinstudenten, und 14 Tage später erhielt ich einen Brief, in dem eine Medizinerin, Hörerin eben jener Vorlesung, mich von folgendem in Kenntnis setzte. Sie hatte immer, Semester hindurch, darunter zu leiden gehabt, daß sie beim Sezieren sofort zu zittern begann, sobald der Anatomieprofessor den Seziersaal betrat, um den Studenten zuzusehen; aber nachdem sie gehört hatte, wie meinem chirurgischen Patienten der Weg aus seiner Zitterfurcht gewiesen worden war, hatte sie versucht, dieselbe Behandlungsmethode selber und an sich selbst anzuwenden und sich dasselbe zu sagen wie der Chirurg, nämlich beiläufig die folgenden Worte: Da kommt der Professor herein; nun, dem zittere ich jetzt etwas vor, dem werde ich es schon zeigen, wie ich zittern kann – und im gleichen Augenblick war alles Zittern auch schon geschwunden. An Stelle der Furcht war der Wunsch getreten, der heilsame Wunsch. Selbstverständlich ist solch ein Wunsch nicht ernstlich und endgültig gemeint, aber es kommt ja nur darauf an, daß man einen Augenblick lang ihn hegt; der Patient lacht in sich hinein, im gleichen Augenblick, und hat das Spiel gewonnen. Denn dieses Lachen, aller Humor, schafft Distanz, läßt den Patienten von seiner Neurose, den neurotischen Symptomen, sich distanzieren. Und nichts vermöchte einen Menschen in solchem Maße instand zu setzen, Distanz zu schaffen zwischen irgend etwas und sich selbst, wie eben der Humor. Durch ihn lernt es der Patient am ehesten noch, seine neurotischen Symptome irgendwie zu ironisieren und schließlich auch zu überwinden.

Selbstredend handelt es sich bei alledem um nicht mehr als um ein Moment und gewiß nicht um das Ganze oder auch nur das Eigentliche der Psychotherapie von Neurosen. Aber wir haben es dabei immerhin mit einem wichtigen Moment zu tun, und unter Umständen einem entscheidenden. Und eine solcherart ausgerichtete Therapie wird auch bei so mancher Zwangsneurose ihre günstige Wirkung nicht verfehlen. Freilich liegen die Verhältnisse bei solchen Neurosen etwas anders. Der Zwangsneurotiker neigt von Haus aus zum Grübeln, zum Zweifeln und zu Skrupeln; oder aber er entwickelt den Zwang, Fenster zu zählen oder an Gotteslästerungen zu denken, den Zwang, immer wieder nachzusehen, ob der Gashahn abgedreht ist, oder sich immer wieder die Hände zu waschen. Aus irgendeinem Grunde beginnt er, sich eines Tages vor den nicht selten lächerlichen Gedanken, die ihm von Zeit zu Zeit einfallen, also den Zwangsvorstellungen, zu fürchten. Es braucht ihm nur die Idee zu kommen, es könnte sich hiebei um einen Vorboten oder gar das Anzeichen einer Geisteskrankheit, einer regelrechten psychotischen Erkrankung, handeln. Und nun, in dieser Hinsicht besorgt, beginnt er gegen diese Einfälle anzukämpfen, anzurennen, Sturm zu laufen. So, wie der Angstneurotiker letztlich und eigentlich an einer Angst vor der Angst, so leidet der Zwangsneurotiker, wie sich zeigt, an einer Angst vor dem Zwang, will heißen, vor dem zwangsmäßigen Einfall, und aus dieser Angst vor dem Zwang nimmt er einen Kampf gegen den Zwang auf. Denn während der Angstneurotiker, wie wir gesehen haben, vor der Angst davonläuft, läuft der Zwangsneurotiker, wie sich gezeigt hat, gegen den Zwang Sturm. Aber dies ist nicht weniger verfehlt, denn so, wie sich die Angst zur „Angst vor der Angst" potenziert, so potenziert sich auch der Druck zwangsneurotischer Einfälle, der auf dem zwangsneurotischen Menschen lastet, gerade durch den Gegendruck, den dieser Mensch in Form eines Sturmlaufens gegen die Zwangsvorstellungen ausübt.

Auch in solchen Fällen hat die Therapie an der Wurzel anzusetzen, und diese Wurzel liegt darin, daß all diese zwangsneurotischen Menschen einem Irrtum zum Opfer fallen: sie wissen nicht darum, zumindest nicht, bevor man es ihnen gesagt hat, daß sie sich vor etwas fürchten, wovor zu fürchten gerade sie mit ihrer zwangsneurotischen Veranlagung keinen Grund haben. Gerade sie *können* nämlich gar nicht geisteskrank werden, denn es ist eine allen Psychiatern bekannte Tatsache, daß Menschen, die zu Zwangsvorstellungen neigen oder an solchen Vorstellungen leiden, gegenüber wirklichen Geistesstörungen nachgerade immun sind, also vor Psychosen gefeit.

Narkoanalyse und Psychochirurgie

Um zuerst einmal von der Narkoanalyse zu sprechen, ist sie ja dem breiten Publikum bekannt unter der irreführenden Bezeichnnung Wahrheitsserum. Fragen wir uns gleich, ob dieser Name der rechte ist, ob es sich wirklich erstens überhaupt um ein Serum handelt und zweitens um die Wahrheit, die jeweils eruiert wird. Nun, beide Fragen müssen glattweg verneint werden: fürs erste wäre zu sagen, daß es sich bei den betreffenden Drogen, die injiziert werden, um kein Serum handelt, vielmehr um Präparate, die unabhängig von dieser Anwendung längst schon als Schlaf-mittel, vor allem aber als Narkosemittel in Gebrauch standen; zum zweiten wäre zu sagen, daß durch die Narkoanalyse erstens nicht immer die volle Wahrheit und zweitens nicht immer die reine Wahrheit zutage gefördert wird.

Wie nun eine Narkoanalyse praktisch vor sich geht, darf heutzutage – nach vielen (nur allzu vielen) Veröffentlichungen in Tageszeitungen und illustrierten Zeitschriften – bereits als bekannt vorausgesetzt werden. Der Arzt injiziert dem Patienten das betreffende Medikament langsam in eine Vene einer Ellenbeuge – so langsam und gerade nur so viel, daß der Patient nicht völlig einschläft, sondern noch in sprachlichem Kontakt mit dem Arzt stehen kann. Der Arzt erwartet nun, daß der Patient in diesem Zustand eine gewisse Enthemmung zeigt, insofern nämlich, als er über Dinge zu sprechen bereit ist, die er vor und bis zur Narkoanalyse verschwiegen hatte, wofern sie ihm überhaupt voll bewußt waren.

Die Narkoanalyse ist in ihrer geschichtlichen Entwicklung hervorgegangen aus der sogenannten Schlafmittelhypnose. Seinerzeit war man in Fällen, in denen es sich als schwierig erwies, einen Patienten zu therapeutischen Zwecken in Hypnose zu versetzen, darangegangen, dem hypnotischen Schlaf durch vorherige Verabreichung von Schlafmitteln den Weg zu bahnen. Im zweiten Weltkrieg sind die Psychiater auf diese Versuche zurückgekommen. Hatten sie es doch mit Neurosen zu tun bekommen, zu deren gründlicher psychoanalytischer Behandlung keine Zeit und auch nicht genügend geschultes Personal zur Verfügung stand. So mußten sie sich mit diesem abgekürzten psychotherapeutischen Verfahren helfen. Freilich lag den Heerespsychiatern weniger an der Entdeckung irgendwelchen verdrängten seelischen Materials, sondern in erster Linie am sogenannten Abreagieren, das heißt, der Patient erlebt in der Narkoanalyse, also im künstlichen, medikamentös erzeugten Dämmerzustand jene aktuelle Situation, die ihn akut seelisch erkranken ließ, noch einmal, zum Beispiel einen Gewissenskonflikt oder einen Angstzustand, den er sich ursprünglich nicht eingestehen wollte. Und dieses Wiedererleben geht mit jenen heftigen Gemütsbewegungen (Schreien, Zittern, Schweißausbrüchen usw.) einher, die beim ursprünglichen, erstmaligen Erleben der krankmachenden Situation gleichsam nicht zugelassen wurden, z. B. aus Scham oder aus soldatischem Ehrgefühl heraus.

Sehen wir von diesem Abreagieren ab und wenden wir uns wieder der Aufdeckung unbewußter, verdrängter oder bloß verheimlichter Tatsachen zu, so wäre nochmals zu betonen, daß beim Versuch solcher Aufdeckung weder die volle noch die reine Wahrheit herauskommt. Warum nicht die volle Wahrheit? Weil der Patient oder sagen wir allgemeiner die Versuchsperson, wie sich experimentell nachweisen ließ, auch in der narkoanalytischen Situation bis zuletzt grundsätzlich imstande bleibt, die Wahrheit zumindest teilweise zu verschweigen. Und warum nicht die reine Wahrheit? Deshalb nicht, weil der Mensch in der Narkoanalyse, wie sich feststellen ließ, ungemein suggestibel wird, das heißt, unter Umständen wird er schon durch die bloße Art der Fragestellung bewogen, eine entsprechende – der Frage entsprechende Antwort zu geben. Der Versuchsleiter wird also, ohne es zu wissen, als Antwort nur ein Echo zu hören bekommen dessen, was er in die Versuchsperson sozusagen hineingefragt hat. Von einem unwiderstehlichen Zwang, ein Geständnis abzulegen, kann also keine Rede sein; erfolgt aber ein Geständnis tatsächlich, so kann ebensowenig die Rede davon sein, daß es sich um ein garantiert wahrheitsgemäßes Geständnis handelt. Soviel zur Tatsachenfrage; von der Rechtsfrage will ich – ich als Arzt – schweigen, und ich darf dies um so mehr, als ja hinlänglich die Akten darüber geschlossen sind, daß die Anwendung der Narkoanalyse bei Polizei oder Gericht rechtlich – menschenrechtlich –

unstatthaft ist und auch eine faktisch vorgenommene Narko-analyse in ihren Ergebnissen als prozessuales Beweisstück aus den besprochenen Gründen nicht zugelassen würde.

Nun zur Psychochirurgie: sie stellt so recht ein Gegenstück dar zur Narkoanalyse. Handelt es sich bei dieser um die Verab-folgung von Injektionen, so bei jener um die Vornahme von Operationen; sollte die Narkoanalyse – im Sinne eines abge-kürzten Verfahrens – in erster Linie der Behandlung von Neuro-sen dienen, so die Psychochirurgie vorwiegend der Beeinflus-sung von Psychosen, also nicht von sogenannten nervösen seelischen Störungen, sondern hauptsächlich von den sogenann-ten Geisteskrankheiten. Aber genauso wie der Ausdruck Wahr-heitsserum, wie gesagt, sinnlos ist, genauso ist es die Bezeichnung Psychochirurgie. Als ob das Messer des Chirurgen so etwas wie die Psyche jemals erreichen könnte! Auch bei der Hirnoperation kommt das Skalpell an die geistige Person des Menschen nicht heran. Warum hat dann aber diese sogenannte Psychochirurgie soviel Staub aufgewirbelt? Weil sie an einen wunden Punkt, ja ich traue mich zu sagen an einen Komplex der kollektiven Psyche von heute gerührt hat. Schon die Narkoanalyse war, massenpsy-chologisch gesehen, ein Schreckgespenst. Man fragte sich allen Ernstes, wohin wird man kommen, wenn man jedem Menschen jederzeit jedes Geständnis entlocken kann. Und angesichts der Psychochirurgie fragte man sich nunmehr, wohin wird man kommen, wenn man wirklich, wie die Psychochirurgen be-richteten, durch hirnoperative Eingriffe den Charakter des Men-schen verändern kann. Wir sehen, beide Schreckgespenster einer furchtbaren Zukunftsmöglichkeit scheinen zu konvergieren und einzumünden in die allgemein befürchtete Tendenz, aus dem Menschen, als einem Subjekt, ein willenloses Objekt zu ma-chen – aus dem Menschen, als einer freien Person, eine bloße Sache werden zu lassen, mit der man nach Belieben umgehen kann: aus der man Geständnisse herauspressen und in die man Parolen hineinpressen kann.

Nun, daß ersteres *nicht* möglich ist, auch nicht durch die Nar-koanalyse, haben wir vorhin gehört. Ist nun eine Charakterver-änderung durch eine Hirnoperation möglich? In gewissem Sinne ja, und dies glücklicherweise; denn auf diese Weise kann man in ausgewählten Fällen psychischer Krankheit Hilfe bringen, und zwar gerade, und das ist wichtig, in schwersten Fällen. Um dies besser verstehen zu können, müssen wir wieder von der Geschichte ausgehen, der Ursprungsgeschichte der Psychochirurgie. Diese Geschichte kennen wir um so besser, als der Ursprung eigentlich in Wien zu suchen ist – nicht anders als der der Narkoanalyse; denn die Methode der Schlafmittelhypnose wurde von den Professoren Kauders und Schilder entwickelt, und auch die experimentellen Vorarbeiten zur späteren Psychochirurgie wurden in Wien erstellt, und zwar 1932 von Pötzl und Hoff. Aber schon längst vorher wußte man, daß Erkrankungen speziell des Stirnhirns mit gewissen Charakterveränderungen einhergehen, und zwar trat beim Patienten je nach ihrem genaueren Sitz im Stirnhirn bald mehr eine sogenannte Antriebsschwäche, bald mehr eine sogenannte Bummelwitzigkeit auf.

Sehr eindrucksvoll konnte ich einmal selber mit ansehen, wie zuerst Antriebsschwäche und sodann Bummelwitzigkeit zum Vorschein kamen. Der betreffende Patient litt nämlich an einem Stirnhirntumor, der gerade an jener Stelle des Gehirns lokalisiert war, von der her die Antriebsschwäche zu erklären ist; bei der Operation des Tumors jedoch mußte notwendigerweise wieder jene Stelle verletzt werden, die für die Bummelwitzigkeit solcher Patienten verantwortlich gemacht wird. Und so kam es denn, daß unser Patient anfangs, als er noch den Tumor hatte, sehr wortkarg war und stumpf zu Bette lag; ganz anders aber, als er nach der Hirnoperation von der Chirurgischen Klinik zu uns zurückkam. Da war er nämlich typisch bummelwitzig. Beweis dafür? Als die Krankenschwester ihn fragte: Na, Herr Soundso, wie lang waren Sie denn jetzt drüben auf der Chirurgie? Da gab er ihr zur Antwort: Genau so lang wie hier auf der Neurologischen Poliklinik: 1,72 m.

Nun, dies sind unbeabsichtigte Effekte nach Hirnoperationen. Bei der Psychochirurgie jedoch sind derartige sogenannte Wesensveränderungen der Zweck der Handlung. Freilich, wie es sich der große Moniz vorstellt, so ist es nicht. Moniz nämlich – der bedeutende portugiesische Neurolog, der vor Jahren den Nobelpreis erhielt –, Moniz glaubte, durch die von ihm angegebene Schnittführung im Markweiß des Stirnhirnlappens, durch die sogenannte Lobotomie (Lappenschnitt) bzw. Leukotomie (Schnitt durchs Weiße) eine Unterbrechung jener Nervenfasern setzen zu können, an die er sich die krankhaften Ideenverbindungen (etwa der Wahnideen) gebunden dachte. Von alledem kann keine Rede sein, und, wie so oft in der Geschichte der Heilkunde, so war auch hier eine falsche, um nicht zu sagen naive theoretische Vorstellung der Anlaß zu einem fruchtbaren praktischen Vorgehen und schließlich zu einer Entdeckung bzw. Erfindung, die einen wichtigen Fortschritt mit sich brachte.

Was nun im besonderen die Charakterveränderungen nach der Monizschen Operation anlangt, so betreffen sie im wesentlichen nur die Affektivität und Impulsivität, das heißt, der betreffende Patient wird, zumindest nach beiderseitiger Operation, nicht mehr so heftiger Gemütsregungen (oder Erregungen) fähig sein wie vor dem Eingriff, und des weiteren wird er auch weniger unter dem Druck irgendwelcher dranghafter Zustände stehen. Der Patient wird also in seinem Wesen stumpfer werden, aber vergessen wir doch nicht: wann immer diese Operation überhaupt angezeigt, also ihre Vornahme berechtigt war – gerade dann war uns ja daran gelegen und kam ja alles darauf an, ihn (in dosierter Weise) stumpfer zu machen, um ihm nämlich ebendadurch zu helfen. Denn wann nimmt man denn diese Operation überhaupt vor? Nur dort, wo ein Patient sich in einem hochgradigen Spannungszustand befindet, sei es, daß er gequält ist durch einen krankhaften Drang, sei es durch einen krankhaften Zwang oder durch eine krankhafte Angst, und wo bei alledem bisher durch keinerlei andere Behandlungsmaßnahme Erleichterung zu schaffen war. Denn, wie Professor Stransky schon vor Jahren hervorgekehrt hat: die Leukotomie kommt nur in Frage als sogenannte ultima ratio, als letztes Zufluchtsmittel, wenn also *alles andere versucht wurde und versagt hatte.* Der Effekt besteht dann darin, daß die Angst und der Zwang und der Drang – aber auch ein Schmerz, der sonst auf keine Weise zu stillen gewesen wäre – ichferner werden, wie der Nervenarzt sagt. Daß man damit einem Menschen, der ansonsten unmenschliche Qualen hätte erdulden müssen, Hilfe schaffen kann, ist klar. Daß auch eine gewisse Abstumpfung des Gemüts damit einhergehen wird, muß in Kauf genommen werden. Denn hier handelt es sich um das kleinere Übel – gegenüber dem größeren, von dem wir den Patienten befreit haben. Und es ist jeweils, vor der Vornahme einer Leukotomie, zu erwägen – abzuwägen, wodurch der Patient mehr gehandikapt ist, wodurch er mehr an einem lebenswerten, menschenwürdigen Leben verhindert wird: durch seine Krankheit, derentwegen wir zur Operation raten, oder durch die Gemütsveränderung, zu der die Operation führen würde. Wenn der Eingriff überhaupt gerechtfertigt war, dann werden die allfälligen Nachteile und Nachwirkungen durch die Vorteile, durch die erwünschten Wirkungen, aufgewogen.

Schließlich ergeht es ja uns – uns Ärzten sowohl als auch uns Patienten – bei jedem Eingriff so, ja sogar bei jedem Medikament: daß wir Nachwirkungen und Nebenwirkungen bewußt in Kauf nehmen müssen – und zumeist in Kauf nehmen können. Und um die Entscheidung, wann ein Medikament oder eine Operation diesen „Kauf" rechtfertigt und wann nicht – um diese Entscheidung kommen wir Ärzte niemals herum. Freilich, je größer das Risiko ist, um so schwieriger die Entscheidung. Aber diesbezüglich geht es der Menschheit auf dem Gebiet medizinischer Technik nicht anders als auf dem der Technik im allgemeinen: *in demselben Maße, in dem uns Macht in die Hände gelegt ist – im gleichen Maße wird uns Verantwortung auf die Schultern gebürdet.*

Melancholie

Wiederholt habe ich, in meinen Vorträgen in dieser Reihe, von Neurosen gesprochen; demgegenüber war aber verhältnismäßig selten die Rede von jenen seelischen Erkrankungen, die den neurotischen gegenübergestellt werden: ich meine die Psychosen, also das, was man für gewöhnlich als Geisteskrankheit zu bezeichnen pflegt. Von diesen sogenannten Geisteskrankheiten nun soll diesmal und nächstes Mal gesprochen werden, und wir fragen uns heute zunächst, wie sich eine Geistesstörung im engeren Wortsinn abgrenzen läßt gegenüber den neurotischen seelischen Krankheiten.

Nun, wie oft hört man nicht sagen: Sie müssen sich eben mehr zusammennehmen. Aber mit Recht hat der große Nervenarzt Hans von Hattingberg einmal darauf hingewiesen, daß ja eine Neurose dort erst überhaupt vorliegt, wo bloßes Zusammennehmen und Sichzusammenreißen eben nicht mehr wirksam oder von vornherein gar nicht möglich ist. Dort fängt ja Neurose als Krankheit erst an; andernfalls würde es sich ja um eine bloße moralische oder Charakterangelegenheit handeln und nicht um etwas Klinisches, etwas Krankhaftes. Solange man einem Menschen oder seinem Leiden noch beikommen kann mit Ratschlägen wie „Sie müssen sich mehr zerstreuen, Sie müssen sich ablenken lassen oder Ihr Milieu wechseln" – ebensolange wie solch ein Rat überhaupt verfängt, haben wir es ja noch gar nicht mit einem wirklichen Neurotiker zu tun. Vergessen wir doch nicht: Neurose ist eine Krankheit – der Neurotiker ist ein kranker Mensch, und man muß ihn behandeln, aber nicht bloß ermahnen.

Erst recht gilt dies selbstverständlich von den Geisteskranken, von den psychotischen Menschen. Nur dürfen wir von allem Anfang an nicht vergessen, daß so wie unter den Neurosen die Angstneurosen und die Zwangsneurosen das Hauptkontingent stellen – daß genauso bei den Psychosen zwei wichtige sogenannte Formenkreise unterschieden werden. Erstens das sogenannte Jugendirresein, auch Dementia praecox oder Schizophrenie genannt, und zweitens das sogenannte manisch-depressive Irresein, von dem ich heute eingehender sprechen möchte. Dieses manisch-depressive Irresein ist nun eine Psychose, die man auf deutsch schwerlich Geisteskrankheit nennen kann; vielmehr handelt es sich hierbei so recht um das, was der Laie als Gemütskrankheit bezeichnet. Es handelt sich um einen Verstimmungszustand, vor allem um die traurige Verstimmtheit, um die Melancholie. Aber auch um das Gegenteil von Traurigkeit, um einen Zustand übermütiger Lebensfreude, übertriebenen Schaffensdranges und krankhafter Selbstüberschätzung.

Bleiben wir gleich bei dieser Manie genannten Krankheit und fragen wir uns, wodurch ein solcherart erkrankter Mensch sich selbst oder seine Umgebung unter Umständen gefährden kann. Nun, er kann nichts dafür, wenn er aus der besprochenen Selbstüberschätzung heraus sein Geld nur so zum Fenster hinauswirft oder aber sich in geschäftliche Abenteuer einläßt, die er aus einer normalen Stimmung heraus niemals riskiert hätte. Es ist klar, daß man einen solchen Kranken für die Dauer dieser seiner Erkrankung vor sich selbst wird schützen müssen, beispielsweise indem man ihn nötigenfalls unter Kuratel stellen läßt.

Ich sprach soeben von der Dauer des betreffenden Krankheitszustandes, und dies ist nun ein wesentliches Moment; denn sowohl bei der eben besprochenen Manie als auch bei ihrem Gegenstück, bei der Melancholie, handelt es sich wesentlich um phasisch ablaufende Krankheitsbilder, d. h., eine Manie bzw. eine Melancholie kommt und geht, und dann kommt wieder eine Pause, die ohne weiteres Jahre oder sogar Jahrzehnte lang dauern kann und in der sich die betreffenden Patienten völlig normal und in durchaus ausgeglichener Stimmung befinden, also überhaupt nicht auffällig sind. Bei manchen Patienten wechseln Zustände der depressiven Verstimmung, also melancholische Phasen, mit solchen der manischen Erregung auch ab. Und in wieder anderen Fällen kommt es im ganzen Leben überhaupt nur zu einer einzigen melancholischen Periode, so daß sich der künftige Verlauf der in Frage stehenden Gemütskrankheit niemals mit Sicherheit auf lange Sicht prognostizieren läßt. Aber mit nur um so größerer Sicherheit läßt sich jeweils voraussehen und voraussagen, daß die betreffende Phase, also sagen wir ein Zustand der Melancholie, abklingen und ausheilen wird und – ich betone dies ausdrücklich – grundsätzlich auch ohne Behandlung, also von selbst. Dies zu wissen und den Patienten bzw. dessen Angehörige auch wissen zu lassen ist ja schließlich von nicht geringer Bedeutung. Und es gehört zu den dankbarsten Augenblicken einer seelenärztlichen Praxis, eine so günstige Prognose stellen zu dürfen auch angesichts eines akuten Zustandsbilds. Stellen Sie sich doch nur vor, was es für die Angehörigen bedeuten mag, wenn vor Ihnen eine Patientin im Zimmer auf und ab läuft, sich vor Erregung buchstäblich die Haare ausreißt und ununterbrochen sich selbst der unglaublichsten Verbrechen anklagt – und Sie als Nervenarzt können trotzdem mit 100%iger Sicherheit vorhersagen, daß diese an einer sogenannten agitierten Angstmelancholie erkrankte Patientin aus ihrer Krankheit 100%ig als der Mensch wieder hervorgehen wird, der sie in gesunden Tagen war. Bedenken Sie doch nur, was das bedeutet; denn nicht einmal von einer Angina, einer Halsentzündung, läßt sich solch eine günstige Prognose mit einem solchen Grade von Sicherheit erstellen; denn eine schwere Halsentzündung könnte ja einmal wirklich einen Gelenkrheumatismus oder einen Herzfehler zur Folge haben.

Freilich, der melancholische Patient selber wird uns unsere so günstige Prognose nicht glauben – nicht glauben *können:* denn zu den Symptomen der Melancholie gehört diese Skepsis und sein Pessimismus dazu: er wird immer „ein Haar in der Suppe finden" und auch an sich selbst „kein gutes Haar lassen"! Und ich erinnere mich an eine Patientin, die, eben aus ihrer Melancholie heraus, mir vorjammerte, daß sie unheilbar sei; vor mir auf dem Schreibtisch aber lagen nicht mehr und nicht weniger als 35 Krankheitsgeschichten von ein und derselben, eben von dieser Patientin: 35mal bereits hatte sie melancholische Phasen gehabt, und jedesmal war sie innerhalb einer Frist von wenigen Wochen völlig genesen. Aber als ich ihr das vor Augen hielt, sprach ich vor tauben Ohren. Argumente, Appelle an Vernunft und Verstand wirken eben nicht in schweren Fällen von wirklicher Melancholie. Mit Gegengründen kann man da *nicht* kommen – die heitern das Gemüt unserer Kranken *keineswegs* auf, und zwar schon aus einem einfachen Grunde nicht: weil nämlich die ganze Gemütskrankheit auch ihrerseits gar nicht irgendwelche Gründe hat, nämlich nicht im Sinne von Motiven; denn dort fängt ja die Melancholie erst an, zumindest das, was der Fachmann, der Nervenarzt, so nennt – dort fängt sie ja erst an, wo alle Gründe aufhören, wo *kein* äußerer oder innerer Anlaß mehr da ist, der die Traurigkeit des Melancholikers begreiflich machen würde;

denn die Melancholie, überhaupt das manisch-depressive Irresein, ist – wie *jede* eigentliche Psychose im engeren Wortsinn – praktisch genommen nicht seelisch bedingt, sondern vom Körperlichen her verursacht. Selbstverständlich vermag Seelisches die einzelne melancholische Phase auszulösen, aber ein auslösender Anlaß ist noch keine wirkliche Ursache.

Diese Unabhängigkeit des seelischen Krankheitszustands von Ereignissen und Erlebnissen ist natürlich etwas, worauf wir den Kranken auch aufmerksam machen müssen, und zwar deshalb, weil eines der hervorstechendsten Merkmale der echten Melancholie, also der körperlich und nicht seelisch bedingten traurigen Verstimmung, darin liegt, daß der betreffende Patient dazu neigt, sich aus nichtigsten Gründen die heftigsten Vorwürfe zu machen. Daher kommt es, daß solche Patienten – etwa im Gegensatz zu den depressiven Neurotikern oder gar Hysterikern – kaum jemals aus ihrem Leiden Kapital schlagen oder zu profitieren versuchen, etwa indem sie ihre Umgebung tyrannisieren oder einen Vorwand konstruieren, sich irgendwelchen Verpflichtungen zu entziehen; im Gegenteil, der wirkliche Melancholiker klagt sich dessen an, daß er seiner Umgebung zur Last falle, ja daß er gar nicht würdig sei, zu leben oder behandelt zu werden – schon deshalb nicht, weil er gar nicht wirklich krank ist. Sagt man so einem Patienten, er nehme sich bloß zu wenig zusammen, dann bedeutet das pures Gift für sein Gemüt; denn mit solchen Vorhalten schüttet man ja nur Wasser auf die Mühle seiner typischen krankhaften Selbstvorwürfe. Deshalb ist es wichtig, daß der Laie, und zu den Laien gehört jeder Nicht-Arzt, seine Hände läßt von dilettantischen Versuchen, solche Kranken zu trösten oder sie auch nur zu ermuntern und zu ermutigen. Der Behandlungseffekt solcher psychotherapeutischen Amateure könnte nur allzu leicht ein katastrophaler sein.

Nun, die richtige Therapie basiert auch hier wie überall auf einer richtigen Diagnose, und auch die Diagnose einer Melancholie, will heißen ihre Unterscheidung von einer Neurose bzw. einem neurotischen Depressionszustand, kann nur der Fachmann stellen. Er kann es nämlich auch in atypischen Fällen, beispielsweise dort, wo nicht Traurigkeit im Vordergrund des Krankheitsbildes steht, sondern – wie so oft – allgemeine Gehemmtheit oder ängstliche Erregung. Vor allem aber kann nur der erfahrene Fachmann entscheiden, ob im konkreten Falle Selbstmordgefahr vorliegt oder nicht. Sollte nämlich diese Gefahr gegeben sein, so könnte es geboten erscheinen, den Patienten vorübergehend, nämlich für die Dauer seiner melancholischen Erkrankung, in einer Anstalt unterzubringen, wo er so intensiv betreut wird, daß er sich nicht aus seinem krankhaften Lebensüberdruß heraus das Leben zu nehmen versucht. In solchen schweren Fällen – die ja glücklicherweise verhältnismäßig selten sind – wird man auch eine Behandlung mit elektrischen Durchflutungen des Gehirns in Erwägung ziehen, also die sogenannte Elektroschockmethode. Auf diese Weise läßt sich die Stimmung aufhellen und die Erregung dämpfen – sofern dies nicht auf medikamentösem Wege möglich war.

Allein, über all diesen physikalischen und chemischen Behandlungsmethoden darf das Allerwichtigste, das Herzstück der Therapie nicht nur neurotischer, sondern auch psychotischer Erkrankungen, nicht vergessen werden, nämlich die Psychotherapie, der seelenärztliche Zuspruch. Die Psychotherapie der Melancholie muß allerdings eine spezifisch ausgerichtete sein, also durchaus andersartig als die seelische Behandlung bei neurotischen Depressionszuständen; bei der Melancholie nämlich gilt es, den Patienten zu zweierlei zu erziehen: 1. zum Vertrauen, d. h. zum Vertrauen gegenüber der 100%ig günstigen Prognose, die ihm ja sein Arzt stellen darf, und 2. müssen wir ihn erziehen zur Geduld, nämlich zur Geduld mit sich selbst – eben im Hinblick auf die günstige Prognose seiner Krankheit. Und mag er auch noch so sehr entweder sich selbst gar nicht für wirklich krank, sondern entsprechend seinen krankhaften Selbstvorwürfen bloß für verworfen halten oder aber wohl für krank, aber eben für unheilbar krank – schließlich wird er sich dennoch an die Worte seines Arztes klammern und an die Hoffnung, die aus ihnen spricht. Und so wird er schließlich instand gesetzt werden, seine Melancholie vorüberziehen zu lassen wie eine Wolke, die zwar die Sonne verdunkeln kann, aber nicht vergessen läßt, daß es trotzdem die Sonne gibt: genauso wird auch der Melancholiker sich daran klammern müssen, daß seine Gemütskrankheit wohl imstande ist, den Sinn und die Werte des Daseins zu verdunkeln, so daß er weder an der Welt noch an sich selbst etwas findet, was sein Leben noch lebenswert zu machen vermöchte – aber daß auch diese seine Wertblindheit vorübergeht und er auch an sich einen Abglanz davon erfährt, was Richard Dehmel einmal in die schönen Worte gekleidet hat: „Siehe: mit dem Schmerz der Zeit – spielt die ewige Seligkeit."

Schizophrenie

Voriges Mal sprach ich von dem einen der beiden wichtigsten sogenannten Formenkreise psychiatrischer Erkrankungen, nämlich dem manisch-depressiven, also hauptsächlich von der Melancholie. Diesmal soll die Rede sein vom zweiten Formenkreis, dem Formenkreis der Schizophrenie. Woher stammt nun der Ausdruck Schizophrenie? Eine Übersetzung ergäbe „Spaltungsirresein". Das Wort verdankt seine Entstehung der alten Assoziationspsychologie, unter deren Einfluß der Züricher Psychiater Eugen Bleuler bei der Schizophrenie an ein Selbständigwerden, also eine Abspaltung von Assoziationskomplexen dachte. Daß jedoch diese Geisteskrankheit mit einer wirklichen Spaltung der Persönlichkeit einhergeht oder gar darin ihr Wesen zu sehen ist, stimmt keineswegs. Ich betone das deshalb, weil derartige Mißverständnisse recht weit verbreitet sind. So erinnere ich mich an die Schwester eines schizophrenen Patienten, die zwar nicht Ärztin, aber immerhin Psychologin war und mich gelegentlich ihrer Beratung fragte, ob die Schizophrenie ihres Bruders nicht auf eine Schädelverletzung zurückzuführen sei: „Wissen Sie, Herr Doktor, in der Mittelschule hat ihm nämlich einmal ein Mitschüler mit einem Reißbrett einen Schlag auf den Kopf versetzt; wäre es nicht denkbar, daß er ihm dabei – die Persönlichkeit gespalten hat?" Also so etwas ist natürlich unmöglich.

Aber auch mit der als Film- und Romansujet so beliebten Bewußtseinsspaltung hat die Schizophrenie herzlich wenig zu tun. Auch dies möchte ich aus einem bestimmten Grunde unterstreichen. Sehen Sie, es gehört zum Wesen der Pubertät, der Reifejahre, mit dazu, daß der junge Mensch, seiner selbst irgendwie unsicher geworden, sich intensiv beobachtet. „Zwei Seelen wohnen, ach, in meiner Brust", pflegt er dann zu zitieren: die eine agiert wie ein Schauspieler, und die andere sieht ihm dabei zu. So ein Mensch klagt darüber, daß er ständig sein eigener Zuschauer ist und insofern aufgeteilt, aufgespalten in einen Zuschauer und einen Akteur. Aber das ist durchaus noch innerhalb der Grenzen der Norm gelegen und hat mit Schizophrenie nichts, aber auch schon gar nichts zu tun. Eher hat dieser Hang zur Selbstbeobachtung etwas zu tun mit einem leicht zwangsneurotischen Charakterzug, und wenn solche Menschen sich davor fürchten, ihre grüblerischen Neigungen könnten eines Tages ausarten und in eine Geisteskrankheit ausmünden, so muß ich diese Illusion zerstören und kann diese Befürchtungen entkräften; denn die Erfahrung hat immer wieder gezeigt, daß gerade zwangsneurotisch veranlagte Menschen gegen eine Erkrankung an wirklichen Geistesstörungen gefeit sind.

Und nun wenden wir uns den Unterformen dieses Formenkreises „Schizophrenie" zu. Der Psychiater unterscheidet vornehmlich drei Erkrankungstypen: die Hebephrenie, die Katatonie und die paranoide Schizophrenie. Der hebephrene Typus ist ausgezeichnet durch frühen Beginn und langsamen Verlauf. Die paranoide Schizophrenie ist die wichtigste Untergruppe. Sie geht mit Wahnbildung einher, und zwar kommt es für gewöhnlich zuerst zur Ausbildung von Beziehungs- und Beobachtungsideen und schließlich zum Verfolgungswahn. Kennzeichnend hierbei ist das sogenannte Wahnsystem, das heißt, die betreffenden Patienten beziehen nicht nur die harmlosesten Vorgänge der Umwelt auf sich selbst – ähnliches gibt es schließlich auch bei neurotischen Störungen –, sondern die paranoiden Schizophrenen fühlen sich von Feinden verfolgt, wobei sie immer wieder die vermeintlichen Feinde untereinander in Zusammenhang bringen.

Nicht selten finden sich bei der Schizophrenie, besonders ihrer paranoiden Form, neben den Wahnideen auch Sinnestäuschungen, also die sogenannten Halluzinationen, und zwar vor allem Gehörshalluzinationen; in erster Linie klagen die betreffenden Kranken darüber, daß sie Stimmen hören, die all ihr Tun und Lassen mit hämischen oder spöttischen Bemerkungen begleiten oder aber ihnen Befehle zurufen. Diese Zustände sind für den Patienten selbst mitunter ebenso qualvoll wie für die Umgebung oft nicht ungefährlich. Auch die sogenannten Halluzinationen des Körpergefühls spielen bei paranoiden Schizophrenen eine Rolle. Diese Kranken geben etwa an, daß sie mit Apparaten, welche irgendwelche Wellen aussenden, oder mit merkwürdigen Strömen bearbeitet werden, und hinter alledem stecken eben ihre

Feinde. Ja, nicht selten beschweren sie sich darüber, daß ihre Gedanken nicht ihre eigenen sind, sondern ihnen eingeflößt werden und daß ihr Wille unter fremdem Einfluß steht. Es läßt sich verstehen, daß solche Patienten ihre eigenartigen Erlebnisse nachträglich und selbständig zu erklären versuchen, indem sie etwa zur Vermutung gelangen, sie stünden unter Hypnose, allenfalls „Fernhypnose" (was es ja gar nicht gibt). In früheren Zeiten haben sich die Schizophrenen ihre Erlebnisse naturgemäß anders ausgelegt: sie haben sich beispielsweise für besessen, von bösen Geistern besessen gehalten.

Schließlich kann sich bei Schizophrenen auch ein Größenwahn ausbilden. Aber so, wie sich der Laie einen Geisteskranken, und darunter versteht er ja für gewöhnlich einen Kranken vom schizophrenen Typus, vorstellt, ist er äußerst selten. Zumindest in den Jahren, in denen ich – vor Jahrzehnten – in einer großen Anstalt meinen Dienst zu versehen hatte – Jahre, in denen Tausende und aber Tausende psychotischer Menschen sozusagen durch meine Hände gingen –, in all diesen Jahren ist mir beispielsweise kein einziger Kranker begegnet, der sich in seinem Wahn für – den Kaiser von China ausgegeben hätte. Auch die Vorstellung des Laien, ein schwer Geisteskranker habe fortwährend Tobsuchtsanfälle, ist falsch: sie finden sich nur bei bestimmten Krankheitszuständen, und auch dort nur zu bestimmten Zeiten, also durchaus vorübergehend. Äußere Ruhe darf uns aber auch nicht über den Ernst der Lage und die allfällige Notwendigkeit einer Anstaltsunterbringung und intensiven Behandlung hinwegtäuschen. Denn das, worauf die Angehörigen solcher Kranken so oft hinweisen: daß die Patienten gar nicht krank sein können, da sie doch ihre Angehörigen erkennen und sich an alles so genau erinnern – das allein widerlegt noch nicht die Diagnose des Fachmanns: denn Verkennung der Umgebung und Störung der Merkfähigkeit finden sich bei der Schizophrenie, also bei dieser häufigsten und sozialmedizinisch wichtigsten Geistesstörung, nur in den seltensten Fällen. Nebenbei bemerkt: was die Kabarettisten als das Hauptkennzeichen eines Geisteskranken hinzustellen pflegen, nämlich absonderliche Zuckungen im Gesicht, ist überhaupt kein Zeichen von Geistesstörung, sondern ein harmloses Symptom, das aus den verschiedensten Gründen auch bei ganz normalen Menschen auftreten kann, die nicht einmal im herkömmlichen Sinne „nervös" sein müssen. –

Bliebe noch die dritte Untergruppe schizophrener Erkrankungen zu erwähnen, nämlich die Katatonie, das sogenannte Spannungsirresein, das verhältnismäßig noch am akutesten auftritt, also sozusagen rasch kommt, aber ebenso rasch auch geht – um nach Jahren eventuell wiederzukommen. Wie bei der Melancholie ein Hemmungszustand, so findet sich hier, bei der Katatonie, ein Zustand der sogenannten Sperrung. Solche Patienten rühren sich kaum, geben kaum Antwort und liegen, sitzen oder stehen da steif und stumm herum. Diese Sperrung kann allerdings auch plötzlich durchbrochen werden von einem sogenannten Raptus, einem plötzlichen Erregungszustand. Sehen Sie, meine Damen und Herren: Ob es im konkreten Fall zu einem solchen Raptus kommen kann oder nicht, ja, ob es sich jeweils überhaupt um eine schizophrene Sperrung oder aber eine melancholische Hemmung handelt – all dies kann nur der Fachmann feststellen. Aber davon hängt viel ab, z. B. ob man einen solchen Patienten in häusliche Pflege entlassen oder auch nur beurlauben darf, oder aber, umgekehrt, ob er, bis dahin noch daheim belassen, in geschlossene Anstaltspflege abzugeben ist.

Obzwar wir europäischen Psychiater keineswegs der andernorts so verbreiteten Meinung sind, daß die Schizophrenie im wesentlichen psychogen, also seelisch entstanden sei, also eine Abart der Neurose, so halten wir dennoch die Psychotherapie für eine der wichtigsten, wenn nicht die allerwichtigste und ausschlaggebende Behandlungsmaßnahme. Und mag man auch noch so sehr den Anlagefaktor, das Moment der Vererbung, zumindest eben als einen Faktor, eine Teilursache ansehen: getreu einem Ratschlag von Rudolf Allers muß man wenigstens so tun, als ob es keine Erbanlage gäbe und als ob daher die Möglichkeiten seelischer Einflußnahme unbegrenzt wären – nur dann kann man die Gewißheit haben, die wirklich bestehenden Möglichkeiten auch ausgeschöpft zu haben.

Daß die Psychotherapie bei Psychosen eine wesentlich anders ausgerichtete sein muß als bei Neurosen, versteht sich wohl von selbst; muß sie sich doch an das Gesunde, das gesund Gebliebene im Kranken wenden, um gemeinsam mit ihm gegen die Krankheit zu kämpfen. Der Wiener Psychiater Heinrich Kogerer war der erste, der uns diesbezüglich einen Weg gezeigt und darauf hingewiesen hat, wie wichtig insbesondere die Rückerziehung des Patienten zum Vertrauen ist. In vielen Fällen wird man aber durch eine Erziehung zum Vertrauen auch verhüten können, daß es, selbst bei gegebener Anlage, zum Ausbruch einer Schizophrenie überhaupt kommt.

Aber nicht nur verhüten und behandeln ist ärztliche Aufgabe, sondern neben dem Heilen der heilbaren Krankheit auch die Pflege des unheilbar Kranken. Und auch dort, wo der Arzt nicht mehr helfen kann, muß er eines lernen und soll er eines lehren: daß er auch dem sogenannten schizophrenen Endzustand, der scheinbar ausgebrannten Ruine eines Menschenwesens, noch die Ehrfurcht nicht versage. Denn mag auch ein solcher alter Anstaltsinsasse ein Wesen sein, das jeden Nutzwert verloren hat: nach wie vor hat dieses Wesen – hat dieser Mensch – seine Menschenwürde behalten.

Die Angst des Menschen vor sich selbst

Bekanntlich hat man unser Jahrhundert das Jahrhundert der Angst genannt. So mag es denn auch angebracht sein, von der Angst des Menschen von heute zu sprechen. Worauf sich diese Angst nun beziehen soll, ist eine weitere Frage. Eine Antwort auf sie hat nicht zuletzt die zeitgenössische Existenzphilosophie zu geben versucht, indem sie erklärt, alle Angst sei letzten Endes Angst vor dem Nichts.

Auch die Psychotherapie muß sich wohl oder übel mit der Angst befassen. Und als Nervenärzte wissen wir sehr wohl darum, welche Rolle die Angst im Leben des Menschen spielt. Für gewöhnlich bezieht sie sich auf alles, was dieses Leben gefährden könnte, und vor allem auf den drohenden Tod. Was der Arzt Hypochondrie nennt, ist nichts anderes als gleichsam eine Verdichtung, eine Kondensation der allgemeinen Angst auf ein besonderes Organ, sozusagen als den Kondensationskern der jeweiligen Furcht. Denn im Augenblick, in dem sich die Angst nicht mehr vor dem Nichts ängstigt, vielmehr vor einem Etwas, vor etwas Bestimmtem, vor einer Krankheit, im Augenblick, in dem sie sich auf die betreffende Krankheit konzentriert und sich solcherart konkretisiert, wird aus der Angst die Furcht. Eine Unterscheidung übrigens, die erstmalig von Sigmund Freud, dem Schöpfer der Psychoanalyse, herausgestellt worden ist, aber letztlich auf Kierkegaard, den Vater der Existenzphilosophie, zurückgeht.

Nun hat es mit der Krankheitsfurcht eine besondere Bewandtnis. Sie führt, ja lockt das, wovor sie sich fürchtet, geradezu herbei. Es wurde einmal behauptet, daß die meisten Fälle von Ertrinkungstod eigentlich darauf zurückzuführen sind, daß der Ertrinkende es mit der *Furcht* vor dem Ertrinken zu tun bekommen hat. Wenn der Wunsch der Vater des Gedankens ist, so ließe sich sagen: die Furcht ist die Mutter des Geschehens. Und dies gilt auch vom Krankheitsgeschehen. Was jemand fürchtet, was er ängstlich erwartet, das geschieht auch schon, das widerfährt ihm erst recht. Wer sich intensiv genug davor fürchtet, zu erröten, der wird auch schon rot. Wer davor Angst hat, er könnte in Schweiß geraten, dem treibt ebendiese Angst auch schon den Angstschweiß in die Poren. Wir Nervenärzte kennen diesen Mechanismus der Erwartungsangst. Es handelt sich hierbei so recht um einen Teufelskreis: irgendeine an sich harmlose Störung, die von sich aus flüchtig geblieben wäre, erzeugt Angst, die Angst verstärkt die Störung, und die nunmehr verstärkte Störung bestärkt nun den Patienten in seiner Angst. Damit ist der Teufelskreis geschlossen und in ihm der Patient, zumindest bis zum Eingreifen des Arztes, gefangen.

Das Teuflischste an diesem Teufelskreis ist nun, daß die ängstliche Erwartung jeweils zu einer intensiven Selbstbeobachtung führt. Denken wir doch nur an einen Stotterer: ängstlich beobachtet er sein eigenes Sprechen, und diese Selbstbeobachtung reicht auch schon aus, um das Sprechen zu stören und zu hemmen. Oder denken wir an einen Menschen, der gewaltsam und krampfhaft versucht, einzuschlafen: die Anspannung und die Hinlenkung seiner Aufmerksamkeit auf das Einschlafen verunmöglicht es auch schon. Ja, es kann passieren, daß so jemand aus dem endlich erfolgten Einschlafen heraus aufschreckt mit dem Gedanken: Mir scheint, ich wollte vor dem Einschlafen noch etwas erledigen – richtig: ich wollte ja einschlafen.

Zu den Dingen nun, vor denen sich besonders der neurotische Mensch so sehr ängstigt, gehört die Angst selbst. Der Nervenarzt spricht in diesem Zusammenhang von einer Angst vor der Angst. Anscheinend hält es der Neurotiker mit F. D. Roosevelt, der einmal gesagt hat: Wir haben nichts so sehr zu fürchten wie die Furcht selbst. Bekannt ist beispielsweise das Krankheitsbild der sogenannten Platzangst. Fragt man solche Patienten aus, so ergibt sich in den meisten Fällen, daß sie sich vor allem davor fürchten, ihre ängstliche Erregung könnte entweder zu einem Herz- oder Hirnschlag oder auch nur zu einem Kollaps, zu einem Zusammenstürzen auf offener Straße führen.

Wie sich der Angstneurotiker vor der Angst fürchtet, so der Zwangsneurotiker vor dem Zwang, vor seinen Zwangsvorstellungen. Und zwar deshalb, weil er in ihnen einen Vorboten oder gar schon ein Anzeichen einer Geistesstörung vermutet. Solche bedauernswerten Menschen sehen sich schon, wie sie sich für gewöhnlich ausdrücken, in einem Gitterbett landen.

Für den Zwangsneurotiker aber ist dies ausgesprochen tragisch. Denn wenn es eine Gruppe von Menschen gibt, die vor einer ernstlichen Geistesstörung geradezu gefeit sind, dann sind es gerade jene Menschen, die an Zwangsvorstellungen leiden oder auch nur dazu neigen. Die krankhaft übertriebene Furcht jedoch, geisteskrank zu werden, *ist* eine Zwangsvorstellung, und man muß diesen Zwangsneurotikern vorhalten, daß sie gerade durch ihre Neurose vor Psychosen gefeit, für Psychosen immun sind; sosehr sie sich auch davor fürchten mögen: sie *können* gar nicht geistesgestört werden.

Aber vor noch etwas fürchtet sich der Zwangsneurotiker: er fürchtet sich davor, er könnte eines Tages im Theater oder in der Kirche zu schreien beginnen, er könnte, mit anderen Menschen in einem Raum allein gelassen, auf diese Leute losgehen – darum räumen solche Patienten geflissentlich Messer, Gabel und Schere weg und sperren sie ein. Oder sie fürchten sich davor, in höheren Stockwerken, in der Nähe offener Fenster zu verweilen, aus Angst, es könnte sie ein Impuls packen, und sie könnten sich hinunterstürzen. Aber auch diese Illusionen darf und muß man ihnen rauben. Denn unter den vielen Menschen, die sich jeweils selber das Leben genommen haben, war sicher kein einziger, der diese Tat aus einem Zwangsimpuls heraus gesetzt – also eine Zwangsvorstellung in die Tat umgesetzt hatte. Und es hat auch noch nie einer, der unter der Zwangsvorstellung gelitten hat, einem anderen an die Gurgel zu fahren, auch nur einer Fliege ein Haar gekrümmt.

Wir sind ausgegangen von der Todesangst. Schon sie ist eigentlich eine Angst vor dem Nichts. Aber das Nichts, vor dem sich der Mensch ängstigt, ist nicht nur außerhalb seiner, sondern auch mitten in ihm selbst. Und auch vor diesem inneren Nichts packt den Menschen die Furcht, und er ist aus Furcht vor sich selbst auf der Flucht vor sich selbst: er ist auf der Flucht vor dem Alleinsein – denn Alleinsein *heißt* ja Allein-sein-müssen mit sich selbst. Und wann ist er für gewöhnlich gezwungen, mit sich selbst allein zu bleiben? Wann immer das Geschäft und der Betrieb nachläßt oder gar aufhört. Also etwa im Weekend, am Sonntag. Einsamer Sonntag – so lautet der Titel eines berüchtigten schmachtenden Schlagers – berüchtigt ob der vielen Selbstmorde, die er zur Folge hatte und die ihm sicher nicht nur ein geschäftstüchtiger Musikverlag nachgesagt hat. Denn wir Nervenärzte kennen sehr gut ein Krankheitsbild, das wir als Sonntagsneurose bezeichnen. Es handelt sich hierbei um ein Gefühl der Öde und Leere, der Inhaltsleere und Sinnlosigkeit des Daseins, wie es gerade beim Stillstand wochentägiger Betriebsamkeit im Menschen aufbricht und zutage tritt. Dieses Erlebnis der Ziel- und Zwecklosigkeit allen Bemühens habe ich als existentielle Frustration bezeichnet, d. h. als Unerfülltheit des uns zutiefst innewohnenden Willens zum Sinn. Diesen Willen zum Sinn habe ich dem Willen zur Macht gegenübergestellt, wie ihn etwa Adlers Individualpsychologie in Form des Geltungsstrebens nicht zu Unrecht so hervorkehrt. Und ich habe den Sinnwillen auch einem zweiten gegenübergestellt, nämlich dem Willen zur Lust, von dessen letztgültiger Herrschaft in Form des Lustprinzips Freuds Psychoanalyse so sehr überzeugt ist. Nun, im Falle der Sonntagsneurose sehen wir klar, wie gerade dann und dort, wo der Wille zum Sinn gleichsam leer ausgeht, weil unerfüllt bleibt, der Wille zur Lust dazu dient und herhalten muß, die eigentliche, die existentielle Unerfülltheit des Menschen zumindest für sein Bewußtsein zu betäuben und vor seinem Gewissen zu verbergen. Daß die existentielle Frustration im allgemeinen, aber auch im besonderen die sogenannte Sonntagsneurose mit dem Tod, nämlich dem Freitod, mit einem Selbstmord enden kann – dies hat eine wissenschaftliche Arbeit des Heidelberger Internisten Plügge zu zeigen vermocht, der an Hand von fünfzig Selbstmordversuchen nachweisen konnte, daß sie letztlich und eigentlich weder auf Krankheit noch auf wirtschaftliche Not, weder auf berufliche noch auf andere Konflikte zurückzuführen waren, sondern erstaunlicherweise auf eines: auf Hoffnungslosigkeit, auf Inhaltslosigkeit im Sinne von Langeweile, also auf die Unerfülltheit menschlicher Sehnsucht, menschlichen Ringens um einen gültigen Lebensinhalt.

Die Managerkrankheit

Schon beginnt es in den Kreisen der Hypochonder sich herum-
zusprechen, daß da eine neue Krankheit erstanden ist. Und bald
werden sich hypochondrische Gemüter nicht mehr ängstlich fragen: habe ich einen Krebs? sondern: gehöre ich am Ende auch
zu diesen „Managern"? Aus ebendiesem Grunde aber: um einer
solchen neuen hypochondrischen Phobie, die im kollektiven
Maßstab auftritt, in demselben Maßstab auch zu begegnen, soll
von der Managerkrankheit gesprochen werden. Man versteht
darunter für gewöhnlich den frühzeitigen leiblichen und seelischen Zusammenbruch jener Menschen, auf deren Schultern eine
unverhältnismäßig schwere Verantwortung lastet; ihr frühzeiti-
ger Zusammenbruch aber bedeutet praktisch auch soviel wie vor-
zeitigen Tod. Denn abgesehen von mehr oder minder schweren,
mehr oder weniger akuten bzw. chronischen Erkrankungen des
Magen-Darm-Trakts handelt es sich bei solchen Zusammenbrü-
chen hauptsächlich um Herzschlag und Hirnschlag sowie bestimmte Formen erhöhten Blutdrucks. Der ständige Druck, unter dem diese Menschen stehen, ihre seelische Dauerspannung,
wirkt sich nämlich auch im Spannungszustand der Blutgefäße
aus, und anfangs vorübergehende Funktionsstörungen addieren
sich mit der Zeit zu organischen Veränderungen im Gefäß-
system.

Nun, zur Beruhigung möchte ich vorweg erklären, daß sich
all diese Krankheitsformen nicht etwa nur behandeln, sondern
sehr wohl auch verhüten lassen. Um dies besser verstehen zu
können, müssen wir freilich ein wenig weiter ausholen und uns
nach dem Stellenwert der Managerkrankheit im Rahmen einer
allgemeinen Krankheitslehre erkundigen. Dabei ergibt sich nun,
daß die Managerkrankheit zu den sogenannten Zivilisationskrankheiten gehört – die der Fortschritt der technischen Zivilisation mit sich bringt. Wir wollen hier aber keineswegs in das
Horn derjenigen stoßen, die der Technik fluchen. Denn erstens

übersehen solche Leute für gewöhnlich den Widerspruch, der darin liegt; denn sie vergessen, daß doch auch sie wirklich wirksam, nämlich vor Tausenden von Zuhörern, „der Technik fluchen" können nur mit Hilfe ebenderselben Technik, die ihnen für solche Zwecke Mikro- und Magnetophone und Lautsprecher zur Verfügung hält. Und zweitens steht hinter diesem heute so sehr zur Mode gewordenen Verfluchen der Technik ein gut Stück Undankbarkeit. Verdanken wir doch dem technischen Fortschritt schließlich auch so manchen Fortschritt auf dem Gebiet der Technik, Krankheiten zu erkennen, zu behandeln und zu verhüten.

Abgesehen davon machen diese unzeitgemäßen Maschinenstürmer die Rechnung ohne den Wirt. Sie übersehen nämlich, daß der Mensch – wie soll ich sagen? Ich überlasse es einfach Dostojewski, den Menschen zu definieren; Dostojewski sagt: Der Mensch ist das Wesen, das sich an alles gewöhnt. Also dürfen wir wohl auch hoffen, daß er sich anzupassen vermag an die Lebensbedingungen, die er – eben in Form der Zivilisation – selber geschaffen hat. Die Zweifler an dieser unabsehbaren Anpassungsfähigkeit sind zumindest bisher noch immer von den Tatsachen blamiert worden. So haben im vorigen Jahrhundert staatliche Kommissionen medizinischer Sachverständiger ein Gutachten abgegeben, das besagte, der Mensch werde niemals ohne schwere gesundheitliche Schädigungen jene Beschleunigung vertragen können, die mit dem Eisenbahnfahren verbunden ist. Und noch vor wenigen Jahren fragte man sich besorgt, ob ein Mensch jene Geschwindigkeit aushalten würde, mit der Flugzeuge die sogenannte Schallmauer durchbrechen. Wo die Technik ein Gift produziert – Gift im weitesten Wortsinn –, dort erfindet sich der Menschengeist alsbald auch das entsprechende Gegengift hinzu. Und so kam es denn, daß der zuerst viel gerühmte und sodann viel geschmähte technische Fortschritt auf medizinischem Gebiet eines bewirkte: eine bedeutend verlängerte durchschnittliche Lebenserwartung des Menschen von heute. Selbstverständlich muß man dabei in Kauf nehmen, daß die typischen Alterskrankheiten verhältnismäßig häufiger werden.

Aber mehr als dies: wie Professor Kollath nachweisen konnte, zeigt die Statistik, daß die Medizin der letzten Jahrzehnte in der Bekämpfung beispielsweise der Infektionskrankheiten, und zwar einschließlich der früher so verbreiteten und gefürchteten

Tuberkulose, unerhörte Erfolge aufzuweisen hat, aber siehe da: seit dem Jahre 1921 werden all diese Erfolge leider mehr als aufgewogen durch die Zunahme jener Erkrankungs- und Todesfälle, die im Gefolge fehlerhafter Ernährung eintreten, vor allem aber als Folge von Verkehrsunfällen. An der Zunahme von Verkehrsunfällen trägt ja nicht die Technik an sich, also nicht die zunehmende Motorisierung die Hauptschuld, sondern der Geist, der sich der Technik bedient – der die Technik mißbraucht.

Wie Joachim Bodamer zeigen konnte, gilt das Auto heutzutage für den mitteleuropäischen Massenmenschen als schlechterdings das Kriterium des Lebensstandards, und der Durchschnittsmensch rackert sich nicht selten nur aus Prestigegründen ab, nämlich um es zu einem eleganten Wagen zu bringen, mag dies auch auf Kosten der Gesundheit gehen. Mit einem Wort: diese Menschen sterben durch ihr Auto, unter Umständen noch bevor sie es besitzen. Wobei ich nicht verschweigen möchte, daß solch ein Ehrgeiz das eine oder andere Mal auch nach höher gesteckten Zielen greifen kann. So kenne ich einen Patienten, der den typischsten Fall von Managerkrankheit darstellt, dem ich jemals begegnete. Hatte man den Mann untersucht, so lag auf der Hand, daß er sich zu Tode arbeitete. Die internistische Untersuchung hatte aber eben nur die Gefahr aufzuzeigen vermocht – nicht aber die eigentliche Krankheitsursache in diesem Falle; die ließ sich erst aufhellen, sobald der Patient seelenärztlich perlustriert wurde. Da ergab sich nämlich, warum er sich so sehr in seine Arbeit gestürzt und überarbeitet hatte: zwar war er reich genug – er besaß sogar ein Privatflugzeug; aber das war es auch: er gestand, daß er nunmehr alles daransetze, um sich an Stelle dieses gewöhnlichen Flugzeugs ein Düsenflugzeug leisten zu können.

Sehen wir aber von diesem Einzelfall ab und fragen wir uns ganz allgemein nach den Behandlungs- und Verhütungsmöglichkeiten der Managerkrankheit, so wurden als solche empfohlen: 1. die Vermeidung übermäßiger Aufregungen, 2. die Sicherstellung einer ausreichenden Schlafmenge und 3. regelmäßige Gelegenheit nicht zu körperlicher Betätigung, sondern geradezu zu körperlicher Anstrengung, also das beiläufig, was man früher als Ausgleichssport bezeichnete – und gerade diese letzte Empfehlung ist in doppelter Hinsicht bemerkenswert. Denn erstens beweist sie wieder einmal, daß nicht nur die übermäßige Belastung einen Menschen krank zu machen imstande ist, also das, was der kanadische Forscher Selye als Stress bezeichnet; sondern ebenso krankmachend wirkt sich unter Umständen auch eine plötzliche Entlastung aus. Gerade wir Nervenärzte kennen dies sehr genau. Haben wir doch gesehen, wie gerade jene Menschen, die beispielsweise im Krieg, aber auch in Kriegsgefangenschaft im Höchstmaß beansprucht worden waren, erst dann zusammenbrachen, als sie leiblich und seelisch entlastet wurden. Was im besonderen die seelenärztliche Seite dieses Problems anbelangt, habe ich in diesem Zusammenhang einmal vom seelischen Gegenstück zur sogenannten Caissonkrankheit gesprochen: so wie der Taucher, der aus großer Tiefe und einer Zone erhöhten Luftdrucks an die Wasseroberfläche heraufgeholt wird, gesundheitlich auf das schwerste bedroht ist, wenn nicht durch Druckschleusen dafür gesorgt würde, daß eine plötzliche Druckentlastung vermieden wird, so ist auch der Mensch gefährdet, der plötzlich von hohem seelischem Druck befreit wird.

Kehren wir nun zur besprochenen Forderung zurück, die Managerkrankheit dadurch zu verhüten, daß für regelmäßige körperliche Anstrengungen gesorgt wird – nun, hier bestätigt sich die Wahrheit eines alten Volksglaubens, der besagt, daß dort, wo eine Krankheit umgeht, auch jene Pflanze zu finden ist, mit der man die Krankheit heilen kann. Denn dieselbe Epoche der Zivilisation, welche die Managerkrankheit heraufbeschworen hat, hat auch den Aufschwung des Sports mit sich gebracht – des Sports, der jedem von Zivilisationskrankheiten, von Zivilisations*giften* bedrohten Menschen eines der *Gegen*gifte bereitstellt. Freilich: zu diesem heilsamen Sport gehört weder jener Sport, an dem man nur passiv beteiligt ist, z. B. während man zu Hause vor dem Radioapparat der Rundfunkübertragung eines Ländermatchs zuhört, noch jener Sport, dessen Betrieb von der Rekordsucht beherrscht wird.

Aber Entartungserscheinungen beweisen nichts, und der Mißbrauch widerlegt noch nicht den ursprünglichen Sinn. Und mag es auch, im Rückblick auf diese Probleme von Zivilisation und Zivilisationskrankheit, Managerkrankheit und Ausgleichssport, den Anschein haben, als ob der Mensch von einem Fehler in den anderen taumeln würde, so besteht doch Hoffnung, daß es immer kleinere Fehler sind, die er begeht.

Gnadentod oder Massenmord?

Immer wieder hört man sagen, und auch heute noch bekommt man vielfach zu hören, daß die Tötung unheilbar Kranker, im besonderen unheilbar geisteskranker Menschen etwas darstellt, was man an einem ansonsten unbedingt abzulehnenden politisch-ideologischen Programm als das einzig Berechtigte „noch am ehesten verstehen kann"; bekanntlich hat man die Kranken allein aus dem Grunde ihres Krankseins als „lebensunwertes Leben" hingestellt und als solches mit Vernichtung bedroht oder auch tatsächlich vernichtet. Ich will es jetzt unternehmen, all jene Gründe, die zumeist die nur stillschweigende Voraussetzung einer positiven, bejahenden Einstellung zum Problem der Euthanasie, also des sogenannten Gnadentodes, sind, zu perlustrieren und ihnen eine möglichst hieb- und stichfeste Gegenargumentation entgegenzuhalten.

Da es in erster Linie um unheilbare Geisteskranke geht, zu deren Vernichtung als sinnlosen, wertlosen, „lebensunwerten" Lebens das Recht in Frage steht, hätten wir uns fürs erste zu fragen: was heißt „unheilbar"? Statt vieler für Sie als Nicht-Fachmänner unvollkommen verständlicher und vor allem unkontrollierbarer Darlegungen möchte ich mich darauf beschränken, Ihnen einen selbsterlebten, konkreten Einzelfall vorzustellen: In einer Anstalt lag ein jüngerer Mann, der sich in einem sogenannten Hemmungszustand befand: durch volle fünf Jahre sprach er kein Wort, aß nicht von selbst, so daß er künstlich mittels eines Schlauches durch die Nase genährt werden mußte, und hielt sich tagein, tagaus im Bette auf, so daß die Muskulatur seiner Beine schließlich verkümmerte. Wenn ich anläßlich einer der so häufigen Führungen von Medizinern durch die Anstalt diesen Fall gezeigt hätte, dann hätte gewiß einer der Studenten – wie so häufig – die Frage an mich gerichtet: „Sagen Sie nun ernstlich, Herr Doktor, wäre es nicht besser, man würde so einen Menschen vernichten?" Nun, die Zukunft hätte ihm die Antwort gegeben. Denn eines Tages, ohne jeden ersichtlichen Grund, erhob sich unser Kranker im Bett, verlangte vom Pfleger, seine Mahlzeit auf gewöhnliche Weise einnehmen zu dürfen, und verlangte auch, aus dem Bett herausgenommen zu werden, um mit Gehübungen zu beginnen. Auch sonst verhielt er sich völlig normal, das heißt seiner Situation gemäß. Allmählich begannen die Muskeln an seinen Beinen wieder kräftiger zu werden, und es dauerte nur wenige Wochen, bis der Patient „geheilt entlassen" werden konnte. Kurz darauf arbeitete er nicht nur wieder in seinem früheren Beruf, sondern hielt er auch wieder Vorträge an einer der Wiener Volkshochschulen, und zwar über Auslandsreisen und Hochtouren, die er einmal gemacht und von denen er wunderschöne Photos mitgebracht hatte. Einmal aber sprach er auch vor einem kleinen Kreis psychiatrischer Fachkollegen, nachdem ich ihn dorthin zu einem Vortrag über sein Innenleben während der kritischen fünf Jahre seines Anstaltsaufenthaltes eingeladen hatte. In diesem Vortrag schilderte er nun alle möglichen interessanten Erlebnisse aus jener Zeit und gewährte uns einen Einblick nicht nur in den seelischen Reichtum, der sich seinerzeit hinter der äußeren „Bewegungsarmut" (wie sich die Psychiatrie auszudrücken pflegt) verborgen hatte, sondern auch in so manches bemerkenswerte Detail des Geschehens „hinter den Kulissen" – jenes Geschehens, von dem ein Arzt, der nur Visiten macht und außerhalb dieser Visiten nicht viel zu Gesicht bekommt, nichts ahnt. Der Kranke erinnerte sich noch nach Jahren an dieses oder jenes Ereignis – sehr zum Leidwesen des einen oder anderen Pflegers, der wohl nie damit gerechnet haben mag, daß der Kranke gesunden und seine Erinnerungen preisgeben werde.

Aber selbst angenommen, es handle sich in einem bestimmten Fall tatsächlich um einen nach allgemeiner und übereinstimmender Ansicht unheilbaren Fall; wer sagt uns, wie lange dieser Fall, nämlich die betreffende Krankheit, werde als unheilbar gelten müssen? Haben wir nicht in der Psychiatrie gerade in den letzten Jahrzehnten erlebt, daß bis dahin als unheilbar geltende Geistesstörungen schließlich *doch* durch irgendeine Behandlungsmethode zumindest gemildert, wenn nicht wirklich ausgeheilt werden konnten? Wer sagt uns also jeweils, ob nicht auch der bestimmte Fall von Geistesstörung, mit dem wir es gerade zu tun bekommen, durch eine derartige Behandlungsmaßnahme noch beeinflußbar würde – durch eine Heilmethode, an der gerade jetzt irgendwo in der Welt, in irgendeiner Klinik, gearbeitet wird, ohne daß wir davon eine Ahnung haben?

Ich weiß genau, welche weiteren Einwände Sie sich nun denken werden. Darum gehe ich gleich über zu den allgemeinen, zu den grundsätzlichen Bedenken gegen jedwede Vernichtung geisteskranker Menschen. Denn wir müssen uns nun weiter fragen: angenommen, wir wären tatsächlich so allwissend, wie es not täte, um mit absoluter Sicherheit von nicht nur momentaner, sondern dauernder Unheilbarkeit zu sprechen; wer gibt auch dann dem Arzt das Recht zu töten? Ist der Arzt als solcher von der menschlichen Gesellschaft je dazu eingesetzt? Ist er nicht vielmehr dazu bestellt: zu retten, wo er kann, zu helfen, wo er kann, und – zu pflegen, sobald er nicht mehr heilen kann? Der Arzt als Arzt ist also gewiß nicht Richter über Sein und Nichtsein der ihm anvertrauten oder gar sich selbst ihm anvertrauenden kranken Menschen. Es steht ihm daher von vornherein nicht das Recht zu – und er dürfte es sich auch niemals anmaßen –, ein Urteil über den angeblichen Lebenswert oder -unwert angeblich oder tatsächlich unheilbarer Kranker zu fällen.

Malen Sie sich aber jetzt einmal aus, wohin es führen würde, wenn dieses „Recht" (das er somit gar nicht hat) zu einem Gesetz erhoben würde (und sei es auch nur einem ungeschriebenen): Ich bin überzeugt, mit dem Vertrauen der Kranken und der Angehörigen zum ärztlichen Stande wäre es für allemal dahin! Denn nie wüßte einer, ob ihm der Arzt noch als Helfer und Heiler naht – oder bereits als Richter und Henker.

Nun werden Sie weitere Einwände erheben: Vielleicht werden Sie sich auf den Standpunkt stellen, die angeführten Gegengründe seien insofern nicht stichhaltig, als wir uns doch ehrlich zu fragen hätten, ob der Staat nicht eben die Pflicht hat, dem Arzt jenes Recht zur Vernichtung überflüssiger, unnützer Individuen einzuräumen. Es wäre immerhin denkbar, daß der Staat als Wahrer der allgemeinen Interessen die Gemeinschaft von der Last dieser höchst „unproduktiven" Individuen zu befreien hätte, die doch den gesunden, lebenstüchtigen Menschen nur das Brot wegessen. Nun, sofern es sich um ein „Konsumieren" von Gütern wie Nahrungsmittel, Spitalsbetten, die Arbeitsleistung von Ärzten oder Pflegepersonal usw. handelt, erübrigt sich jedes Eingehen auf eine Diskussion dieses Arguments, wenn wir uns nur eines vor Augen halten: Ein Staat, dem es wirtschaftlich so dreckig geht, daß er darauf angewiesen ist, den relativ doch so geringfügigen Prozentsatz seiner Unheilbaren zu vernichten, um damit an den genannten Gütern einzusparen – ein solcher Staat hat wirtschaftlich ohnehin schon längst ausgespielt!

Was aber die andere Seite der Frage anlangt, die Tatsache nämlich, daß die unheilbaren Kranken für die menschliche Gemeinschaft nicht mehr nützlich seien, daß eine Fürsorge für sie somit eine „unproduktive" Fürsorge darstelle, wäre daran zu erinnern, daß die Nützlichkeit für die Gemeinschaft nie und nimmermehr der einzige Maßstab ist, den an ein menschliches Wesen anzulegen wir berechtigt sind. Wie unproduktiv ist doch die Existenz irgendeines armen Mutterls, das da zu Hause halb gelähmt im Lehnstuhl beim Fenster sitzt und vor sich hindöst – und doch: wie wird sie umhegt und umgeben von der Liebe ihrer Kinder oder Enkelkinder! Innerhalb dieser Liebe ist sie eben diese eine Großmutter – nicht mehr und nicht weniger; als solche ist sie aber innerhalb dieser Liebe unvertretbar und unersetzlich – ganz genauso unvertretbar und unersetzlich wie ein anderer, ein noch in seiner Berufsarbeit stehender Mensch unvertretbar und unersetzlich sein mag in seiner gemeinschaftsbezogenen Leistung.

Jetzt bin ich auf folgendes Argument gefaßt: Alles, was ich sage, treffe im allgemeinen wohl zu, gelte jedoch wohl kaum von jenen armen Lebewesen, die irgendwie zu Unrecht den Titel Mensch führen – etwa für idiotische, geistig völlig zurückgebliebene Kinder. Sie werden aber erstaunt sein – der erfahrene Psychiater ist es keineswegs –, wenn ich Ihnen erkläre, daß man immer wieder sieht, wie gerade derartige Kinder in besonderem Maße mit zärtlicher Liebe von seiten der Eltern gehegt und gepflegt werden. Erlauben Sie mir nur, Ihnen eine Stelle aus dem Brief einer Mutter vorzulesen, die ihr Kind im Zuge der bekannten Euthanasiemaßnahmen verloren hat (der Brief erschien in einer Wiener Tageszeitung): „Durch eine frühzeitige Verwachsung der Schädelknochen im Mutterleib wurde mein Kind am 6. Juni 1929 als unheilbar krank geboren. Ich selbst war damals 18 Jahre alt. Ich vergötterte mein Kind und liebte es unendlich. Meine Mutter und ich taten alles, um dem armen kleinen Wurm zu helfen, jedoch vergebens. Das Kind konnte nicht gehen, nicht sprechen, aber ich war jung und gab die Hoffnung nicht auf. Ich arbeitete Tag und Nacht, nur um meinem geliebten Mäderl Nährpräparate sowie Medikamente kaufen zu können, und wenn ich ihre kleinen mageren Händchen um meinen Hals legte und zu ihr sagte: ‚Hast du mich lieb, Mädi?‘, da drückte sie sich ganz fest an mich, lachte und fuhr mir unbeholfen mit den kleinen Händchen ins Gesicht. Dann war ich glücklich, trotz allem, unendlich glücklich." Ich denke, jeder Kommentar ist überflüssig.

Aber glauben Sie mir: noch immer bleiben Ihnen Argumente, wenigstens scheinbare. Sie könnten nämlich schließlich behaupten, der Arzt, der einen unheilbaren Kranken töte, handle in den angeführten Fällen von Geistesstörung letztlich gleichsam in Vertretung des wohlverstandenen eigenen Willens der betreffenden Patienten, weil eben dieser Wille „umnachtet" sei; eben weil diese Kranken ihren eigenen Willen und ihr wahres Interesse vermöge der geistigen Störung nicht selbst wahrnehmen können, eben darum sei der Arzt, sozusagen als der Anwalt dieses Willens, nicht nur berechtigt, sondern nachgerade verpflichtet, die Tötung vorzunehmen. Diese Tötung sei ja, richtig verstanden, eine Ersatzhandlung für eine Selbsttötung, die der Kranke ausführen würde, wenn er nur wüßte, wie es um ihn steht. Was ich Ihnen hiezu, das heißt gegen dieses Argument, zu sagen habe, will ich wiederum an Hand eines selbsterlebten Falles entwickeln: Als junger Arzt war ich auf einer internistischen Klinik tätig, in die sich eines Tages ein junger Kollege aufnehmen ließ. Die Diagnose hatte er bereits mitgebracht – die Diagnose eines höchst gefährlichen, nicht mehr operierbaren und besonders heimtückisch verlaufenden eigenartigen Krebsleidens –, und seine Diagnose stimmte! Nun handelte es sich um eine krebsartige Sonderform – die Medizin nennt sie Melanosarkom –, die durch eine bestimmte Harnreaktion nachweisbar ist. Natürlich versuchten wir, den Patienten zu täuschen: wir vertauschten seinen Harn mit dem eines andern Kranken und zeigten ihm den negativen Ausfall der Reaktion. Was aber tat er? Um Mitternacht schlich er sich eines Tages ins Laboratorium ein und stellte dort die Reaktion an seinem eigenen Harn an – um uns am nächsten Tag bei der Visite mit ihrem positiven Ergebnis zu überraschen. Nichts half uns mehr aus unserer Verlegenheit, und es blieb uns nichts anderes übrig, als einen Selbstmord des Kollegen zu erwarten. Jedesmal, wenn er – und wir hätten es ihm kaum verbieten können – Ausgang hatte, um, wie gewöhnlich, in ein nahe gelegenes kleines Kaffeehaus zu gehen, zitterten wir davor, daß wir nun verständigt würden, er habe sich dort auf der Toilette vergiftet. Was aber geschah wirklich? Je mehr die Krankheit sichtlich fortschritt – um so mehr begann der Kranke, an seiner Diagnose zu zweifeln; als er schon Tochtergeschwülste in der Leber hatte, begann er sogar, harmlose Leberkrankheiten zu diagnostizieren. Denn – was war eingetreten? Je näher das Ende seines Lebens heranrückte, um so mehr bäumte sich der Lebenswille dieses Menschen auf, um so weniger wollte er das nahe Ende wahrhaben. Man mag darüber denken, wie man will; Tatsache und als solche auch indiskutabel ist und bleibt es, daß sich hier ein Lebenswille regte – und diese Tatsache muß uns eindeutig und ein für allemal in bezug auf alle analogen Fälle daran gemahnen: daß wir diesen Lebenswillen keinem einzigen Kranken abzusprechen das Recht haben.

Dies geht so weit, daß wir diese These auch dort zu verfechten haben, wo wir als Ärzte vor vollzogene Tatsachen gestellt werden, wo nämlich ein Mensch durch die Tat bewiesen hat, daß er keinen Lebenswillen mehr hatte. Ich meine die Selbstmörder. Und ich stehe auf dem Standpunkt, daß auch im Falle eines vorliegenden Selbstmordversuchs der Arzt nicht nur das Recht, sondern die Pflicht hat, ärztlich zu intervenieren, und das heißt: zu retten und zu helfen, sofern und soviel er kann. Heißt dies Schicksal spielen? Nein, sondern *der* Arzt versucht Schicksal zu spielen, der einen Selbstmörder seinem Schicksal überläßt. Denn wenn es dem „Schicksal" gefallen hätte, den betreffenden Selbstmörder wirklich zugrunde gehen zu lassen, dann hätte dieses Schicksal sicher auch Mittel und Wege gefunden, um den Sterbenden nicht rechtzeitig in die Hände eines Arztes fallen zu lassen.

Von der Trotzmacht des Geistes

Wie oft kommt es vor, daß der Psychotherapeut, der Seelenarzt, seinem Patienten, dem seelisch Kranken, das vor Augen hält, was er, der Patient, zu tun, wie er sich zu verhalten hätte – der Kranke aber seinerseits dem Therapeuten vorhält: er könne eben nicht, es gehe nicht, er bringe die Kraft, die Willenskraft nicht auf, die zu dem oder jenem nötig sei, mit einem Wort, er sei willensschwach.

Gibt es nun wirklich so etwas wie Willensschwäche bzw. Willensstärke? Oder ist das Reden von dergleichen nicht vielmehr auch schon ein Sich-Ausreden darauf? Nun, man pflegt zu sagen: wo ein Wille, dort ist auch ein Weg. Ich aber möchte diesen Satz variieren, so zwar, daß ich zu behaupten wage: wo ein Ziel – dort ist auch ein Wille. Mit anderen Worten: wer ein Ziel klar ins Auge gefaßt hat und wem es auch ehrlich darum zu tun ist, an dieses sein Ziel zu gelangen, der wird sich niemals darüber zu beklagen haben, daß es ihm an Willenskraft gebricht. Leider ist es aber so, daß sich solche Menschen nicht nur auf ihre vorgebliche Willensschwäche ausreden, sondern auch darauf berufen, daß sie sich schon deshalb nicht helfen, daß sie schon deshalb nicht anders können, weil es ja gar keine Freiheit des Willens gebe. Und es fragt sich nun, was dazu die psychotherapeutische Praxis, die nervenärztliche Erfahrung, zu sagen hat. Sollte es wirklich so sein, wie uns eine mißverstandene, nichtsdestoweniger ins Volk getragene Halbwissenschaft einreden und weismachen will: daß nämlich, um beispielsweise einen kalifornischen Forscher zu zitieren, der Mensch unter dem Diktat der Keimdrüsen steht, daß seine Hormone sein Schicksal sind und daß etwa die moralischen Ansichten eines Menschen ebenfalls einzig und allein von seinen Drüsen abhängen, wie sich dieser Gelehrte auszudrücken beliebt? Oder ist es so, wie niemand Geringerer als Sigmund Freud einmal gesagt hat, daß nämlich der Mensch ein Wesen ist, das von seinen Triebwünschen beherrscht wird

(ich zitiere wörtlich!), und daß das Ich, wie Freud sich aus-
drückte, nicht Herr ist im eigenen Haus?

Nun, gewiß wird es keinem zu bestreiten einfallen, daß der
Mensch Triebwünsche hat. Und es war auch wichtig, daß man
einer Gesellschaft, die ebenso einerseits prüde war wie andererseits lüstern, daß man einer solchen Gesellschaft die Maske vom
Antlitz riß und einen Spiegel vor Augen hielt. Freud selber wußte
genau um diese Funktion, um seine Mission. Und in einem Gespräch mit dem Schweizer Psychiater Ludwig Binswanger hat
er es auch gesagt: „Die Menschheit hat ja gewußt, daß sie Geist
hat; ich mußte ihr zeigen, daß es auch Triebe gibt."

Aber hat sich die Welt und hat sich die Gesellschaft nicht inzwischen gewandelt? Kann man auch heute noch behaupten, der
Mensch wisse darum, daß er auch ein geistiges Wesen ist? Oder
ist es heutzutage nicht vielmehr umgekehrt so, daß der Mensch
seine Geistigkeit nur allzuoft vergißt – und gleichzeitig daran
vergißt, daß er frei ist und verantwortlich? Ist es nicht so, daß
gerade der Mensch von heute nur allzugern bereit ist, seine Geistigkeit nachgerade zu verdrängen, um diesen psychoanalytischen Ausdruck beizubehalten: genauso zu verdrängen, wie er
seinerzeit, zur Zeit von Sigmund Freud, von seiner Triebhaftigkeit nichts wissen wollte?

Tatsächlich läßt sich unschwer aufzeigen, daß der Mensch von
heute geistesüberdrüssig geworden ist – oder, wenn man so will:
geistesmüde. Am liebsten möchte er seine Geistigkeit und Freiheit und Verantwortlichkeit abwerfen. Sofern aber solcher
Geistesüberdruß und solche Geistesmüdigkeit Symptome darstellen innerhalb dessen, was man als die Pathologie des Zeitgeistes bezeichnen könnte – insofern wird die Aufgabe der
Psychotherapie von heute darin bestehen, genau von der anderen, von der entgegengesetzten Seite her, als Freud es getan hat
(als Freud es hat tun müssen), der kollektiven Neurose der Gegenwart beizukommen. Und tatsächlich hat Professor Kraemer
sehr schön darauf hingewiesen, daß sich eine neue Epoche der
Seelenheilkunde abzuzeichnen beginnt, so zwar, daß bis nun der
Geist durchaus im Sinne von Ludwig Klages als Widersacher der
Seele betrachtet wurde, während demgegenüber die neue Psychotherapie den Geist zu ihrem treuen Verbündeten im Kampf
um die Gesundung der Seele macht. Aber wir können dies auch
so formulieren, daß wir entgegen Freud sagen: Der Mensch von
heute weiß zur Genüge, daß er Triebe hat; was wir ihm zu zeigen

126

haben, wäre eher das Gegenteil, nämlich, daß er auch Geist hat – Geist, Freiheit und Verantwortung. Was wir Seelenärzte von heute, die wir mitten in der Zeit stehen und bereit sind, dieser Zeit uns auch zu stellen, was wir Seelenärzte zu leisten haben, ist also dies: Wir haben den Menschen wieder freizusprechen – frei und verantwortlich.

Aber, so wird man nun einwenden, ist es nicht gerade die Wissenschaft, die Naturwissenschaft und in ihrem Zusammenhang gerade die Neuropsychiatrie, die doch immer wieder zu beweisen scheint, wie schicksalhaft abhängig der Mensch ist von Dingen wie Vererbung und Erziehung, Anlage und Umwelt oder, wenn man diese mythisierende Formulierung vorzieht, von Blut und Boden? Ist denn der seelische Charakter des Menschen nicht angeboren? Und gar erst der leibliche, der Körperbau-Typus – ist ihm der Charakter nicht schicksalhaft verbunden? Nun, wer so spricht, beweist damit nur, daß er über der Psychologie, Biologie und Soziologie, also über den leiblichen, seelischen und gesellschaftlichen Bedingt- und Gegebenheiten menschlichen Daseins, das spezifisch Menschliche vollends verkennt. Denn Menschsein im eigentlichen Sinne fängt ja dort überhaupt erst an, wo der Mensch über alle Bedingtheit irgendwie auch schon hinaus ist, und zwar kraft dessen, was ich die Trotzmacht des Geistes zu nennen pflege[1].

Nun: zu dieser Bedingtheit, die zwar mächtig ist, aber eben nicht allmächtig, gehört auch der eigene Charakter, und auch ihm gegenüber hat der Mensch grundsätzlich freien Spielraum. Anstatt im Abstrakten zu verbleiben, möchte ich es allerdings vorziehen, ein Beispiel beizubringen: Eine jugendliche Patientin, der von ihrem behandelnden Psychiater Vorhalte gemacht werden hinsichtlich ihrer Lebensfeigheit, ihrer Fluchtbereitschaft vor dem Leben – diese Patientin begegnet diesem Vorhalt mit folgenden Worten: „Was wollen Sie denn von mir haben, Herr Doktor: ich bin eben ein typisches einziges Kind nach Alfred Adler." Sie wollte also dartun, daß sie sich, daß man ihr nicht helfen könne, da sie im Sinne der individualpsychologischen Lehr- und Schulmeinung mit Eigenschaften behaftet sei, die nun

---

[1] Zum Glück muß der Mensch von dieser Trotzmacht keineswegs unentwegt Gebrauch machen; denn mindestens ebensooft wie *trotz* seines Erbes, trotz seiner Umwelt und trotz seiner Triebe behauptet sich der Mensch ja auch *dank* seines Erbes, dank seiner Umwelt und *kraft* seiner Triebe – ein Hinweis, den ich Dr. Gertrud Paukner verdanke.

einmal unabänderlich sind. Und damit stehen wir vor einer typisch neurotischen Verhaltensweise, nämlich dem Fatalismus, also dem Aberglauben an die Mächtigkeit des Schicksals. Denn gerade der neurotische Mensch neigt zu folgendem Verhalten: Was er an sich selbst feststellt, darauf legt er sich auch schon fest; was er in sich selbst vorfindet, etwa eben an Charaktereigenschaften, damit ist er auch schon bereit sich abzufinden. Und was er vergißt, ist das: was das Schicksal gefügt hat, darüber hat der Mensch noch zu verfügen, und nicht früher, als bis er dies getan oder zumindest versucht hat, dürfte er das Wort Schicksal überhaupt in den Mund nehmen. Freilich, *wer von vornherein sein Schicksal für besiegelt hält, wird außerstande sein, es zu besiegen.*

Wie gesagt gilt dies alles erst recht vom scheinbaren Schicksal in mir, also von inneren Mächten, von Trieben und Triebkräften. Freilich hat der Mensch Triebe, und wer, welcher Wissenschaftler gar, wollte dies bestreiten; der Mensch hat also Triebe, aber die Triebe haben nicht ihn. Wir *haben* auch gar nichts gegen die Triebe und auch nichts dagegen, daß der Mensch sie gegebenenfalls bejahe. Wir möchten hierzu nur eines bemerken: daß jede Bejahung von Trieben immer schon voraussetzt und bedingt ist dadurch, daß der Mensch auch die Freiheit hat, einen Trieb allenfalls zu verneinen. Ich möchte also sagen: was zu allererst bejaht werden müßte, *vor* aller Triebhaftigkeit, das ist die Freiheit – die grundsätzliche Freiheit, auch nein zu sagen. Denn der Mensch ist das Wesen, das eben auch nein sagen *kann* – und dies auch gegenüber sich selbst – und keineswegs zu sich selbst auf jeden Fall ja und amen sagen muß. Ich kann dies auch plumper ausdrücken, indem ich das sage, was ich schon so manchem meiner Patienten sagen mußte, etwa wenn er mir damit kam, daß er nun einmal so und so geartet sei, diese oder jene Eigenschaft besitze, sagen wir leichte Beeinflußbarkeit oder den Hang zum Sich-gehen-Lassen – oder sagen wir gleich: sogenannte Willensschwäche. Dann immer mußte ich solche Menschen fragen: Schön, ich gebe zu, Sie haben nun einmal diese oder jene Eigenart; aber *muß man sich denn von sich selbst auch alles gefallen lassen?*

Kehren wir zum Ausgangspunkt zurück: der Mensch hat also Triebe; aber in einem damit hat er auch Freiheit. Und dies ist es, was ihn dem Tier gegenüber auszeichnet. Denn das Tier hat ja eigentlich gar nicht Triebe, vielmehr ist es so, daß das Tier seine Triebe sozusagen ist, das heißt, daß es mit ihnen identisch ist – während sich der Mensch mit einem seiner Triebe jeweils erst identifizieren muß, was eben dann geschieht, wenn er diesen Trieb bejaht. Aber die These, daß der Mensch Freiheit hat, ist nicht ganz korrekt. Denn eigentlich müßte man sagen: so wie das Tier seine Triebe, so *ist* der Mensch seine Freiheit. Denn das, was er bloß hat, könnte er ja schließlich auch verlieren. Die Freiheit aber eignet dem Menschen unverlierbar. Denn auch dort, wo er sich ihrer begibt, wo er auf sie verzichtet, dort ist dieser Verzicht eben ein freiwilliger und geschieht in Freiheit.

Ich weiß, es gibt philosophische Richtungen, welche die Freiheit bestreiten; die betreffenden Philosophen geben wohl zu, daß der Mensch sich so erlebe und fühle, als ob er frei wäre, in Wirklichkeit aber sei er eben nichts weniger als frei, vielmehr sei dieses Freiheitsgefühl eine Selbsttäuschung. Andere Philosophen behaupten wieder das Gegenteil. Sie sagen nämlich, daß der Mensch sich nicht nur frei fühlt, sondern auch frei ist. So steht denn Aussage gegen Aussage. Und auch der Nervenarzt wird diesen Streit der Philosophen nicht schlichten können. Aber vielleicht wird er darauf aufmerksam machen dürfen, daß in der Psychiatrie seelische Ausnahmszustände bekannt sind, in denen der Mensch sich auch als unfrei erlebt. Und ich darf Ihnen verraten, daß solche Ausnahmszustände nicht nur im Rahmen von Geistesstörungen vorkommen, sondern auch bei normalen Versuchspersonen experimentell erzeugt werden können. Man braucht nämlich nur ein paar millionstel Gramm einer chemischen Substanz, nämlich des sogenannten LSD, einzunehmen, und man gerät in einen Vergiftungszustand, der zwar nur wenige Stunden anhält, aber mit höchst eigenartigen Gefühlsstörungen einhergeht. Die Versuchspersonen berichten z. B., sie hätten das Gefühl, als ob ihr eigener Körper verändert wäre; die Glieder beispielsweise kommen ihnen überdimensional groß vor, und auch die Gesichter, die sie in ihrer Umgebung wahrnehmen, erscheinen ihnen verzerrt, und zwar so recht, als ob ein Surrealist sie gezeichnet hätte. Was mir nun wesentlich erscheint, ist folgendes: Viele Versuchspersonen erzählen, daß sie sich im Zustand solcher Vergiftung durch Lysergsäure so vorkommen, als ob sie Automaten, Marionetten oder Hampelmänner wären. Und was meinen sie mit all dem? Sie erleben sich selbst als unfrei. Wir aber können folgendermaßen weiterfragen: Sollte es wirklich so sein, wie manche Philosophen behaupten: daß nämlich der Mensch – genauer: daß sein Wille unfrei ist: sollten diese Philosophen recht haben und sollte ihre Meinung die Wahrheit darstellen, dann bedürfte der Mensch anscheinend erst einer Vergiftung, etwa durch Lysergsäure, um sich von dieser Wahrheit überzeugen zu können. Ich aber möchte fragen: Was wird das schon für eine Wahrheit sein, an die man nur herankommt, in deren Besitz man sich erst setzen kann, sobald man zuerst ein schweres Nervengift zu sich genommen hat? Und ich möchte mit der Frage schließen: Was ist wohl wahrscheinlicher: daß der normale Mensch ein unfreies Wesen ist, also keinen freien Willen hat und bloß davon nichts merkt, weil er sich nämlich selber täuscht, und daß er von dieser Selbsttäuschung nur durch Lysergsäurediäthylamid befreit werden kann? Oder ist es nicht viel *mehr* wahrscheinlich, daß der Mensch sich frei fühlt und auch frei ist, und daß erst ein schweres Nervengift wie die Lysergsäure dazu herhalten muß, um ihn über dieses sein Freisein hinwegzutäuschen? Nun, das Urteil überlasse ich dem gesunden Menschenverstand jedes einzelnen; aber vergessen wir eines nicht: das Urteil über Freiheit und Unfreiheit des Menschen wird nicht in der Theorie allein gesprochen, sondern in erster Linie in der Praxis, im Handeln hier und jetzt!

Das Leib-Seele-Problem, klinisch gesehen

Wer von uns hätte noch nicht Redewendungen in den Mund genommen wie die, daß er etwas auf dem Herzen hat, daß ihm etwas im Magen liegt oder daß er etwas hat hinunterwürgen müssen. Aber selten wohl ist man sich dessen bewußt, welche Weisheit die Sprache in solche Ausdrücke investiert hat. Denn es ist nicht etwa so: daß die Sprache hierbei bildlich ist; sondern sie ist abbildlich, das heißt, sie bildet etwas ab, was wirklich ist.

Bleiben wir doch beim Beispiel des Hinunterwürgens! Ein italienischer Forscher hat sich der Mühe unterzogen, folgendes Experiment anzustellen: Er versetzte seine Versuchspersonen in Hypnose und suggerierte ihnen, sie wären arme, kleine Angestellte und ihr Chef sei ein unangenehmer Patron, der sie sekkiert und hunzt, so daß sie sehr unter dem Druck zu leiden haben, der auf ihnen lastet. Dabei dürfen sie nicht aufbegehren, sondern müssen eben alles hinunterwürgen. Und das Ergebnis? Der italienische Forscher stellte seine Versuchspersonen, eine nach der anderen, hinter einen Röntgenschirm und sah sich einmal die Magengegend der Leute näher an; und siehe da, all diese Versuchspersonen hatten sich in sogenannte Luftschlucker verwandelt, das heißt, im Röntgenbild konnte man deutlich sehen, daß ihr Magen durch eine abnorme Luftansammlung aufgetrieben war – Luft, die sie vorher eben hinuntergeschluckt hatten, unbewußt und unwillkürlich. Ebenso unbewußt und unwillkürlich aber geht dieser Vorgang vor sich bei jenen unserer Patienten, die an der sogenannten Aerophagie leiden und bei denen der solcherart aufgetriebene Magen – durch Anheben des Zwerchfells und durch den Druck von unten aufs Herz – die verschiedensten, wenn auch noch so harmlosen Beschwerden auslöst. Geht man auf die Geschichte solcher Kranken ein wenig ein, so ergibt sich nicht selten, daß auch sie etwas hinunterschlucken, hinunterwürgen mußten – und es war nicht *nur* Luft: sondern es war irgendein Erlebnis – irgend etwas Peinliches, das ihnen widerfahren war und woran sie lieber nicht denken wollten.

Sie sehen, daß es heute, wo die Medizin um derartige leibseelische Zusammenhänge weiß, keineswegs angeht, *den kranken Menschen so zu betrachten und zu behandeln, daß man nur noch die Krankheit sieht, aber nicht mehr den Menschen,* will heißen: nicht mehr den Menschen als erlebendes und leidendes Wesen, den Homo patiens.

Nun, es ist bekannt, daß es nicht zuletzt die sogenannte psychosomatische Medizin war, die sich all dessen angenommen hat, also den innigen Beziehungen zwischen Leiblichem und Seelischem nachgegangen ist. Freilich nicht ohne übers Ziel zu schießen und so zu tun, als ob wirklich jeder Erkrankung, auch leiblicher Art, ein entsprechendes Erlebnis zugrunde liegen müßte. Krank wird nur – dies der Grundsatz der psychosomatischen Medizin: krank wird nur, wer sich kränkt. Aber das ist nicht wahr. Und wenn man darauf hinweist, daß beispielsweise ein Angina-pectoris-Anfall – manchmal bewußt, manchmal unbewußt – auf eine Aufregung, sagen wir auf eine ängstliche Erregung zurückzuführen ist, so muß ich demgegenüber auf folgendes aufmerksam machen: Nicht nur die ängstliche Erregung ist imstande, einen solchen Herzanfall auszulösen, sondern auch eine freudige Erregung. Und es sind Fälle bekannt, in denen Mütter, als ihre Söhne aus langjähriger Kriegsgefangenschaft heimkehrten, vom Herzschlag getroffen zusammensanken. Gewiß ist der Leib des Menschen ein Spiegel seiner Seele. Aber wenn dieser Spiegel Flecken aufweist, dann kann die Seele, die er spiegelt, trotz alledem normal sein. Leibliches Geschehen ist somit keineswegs immer der Ausdruck seelischen Erlebens, und eine leibliche Krankheit braucht keineswegs ein Zeichen zu sein, daß auch in der Seele des Kranken irgend etwas nicht in Ordnung ist.

Halten wir fest: Das Seelische vermag sich im Leiblichen auszudrücken – fragen wir nun, ob nicht auch umgekehrt das Leibliche, das Körperliche, das Stoffliche, sich auswirken kann im Seelischen, im Geistigen, so könnte ich, um diese Frage zu bejahen bzw. diese Bejahung zu belegen, auf eine Fülle von Erfahrungstatsachen verweisen. Nun, ich beschränke mich darauf, aus ihrer Mitte nur wenige herauszugreifen, und gehe zu diesem Zwecke von folgendem klinischem Tatbestand aus: Es gibt Menschen, die an einer Überfunktion der Schilddrüse leiden; mit dieser körperlichen Eigenart ist eine seelische Eigenschaft gekoppelt, und zwar neigen die betreffenden Patienten, wie ich zeigen konnte, nicht nur zu einer ängstlichen Erregung im allgemeinen, sondern im besonderen zur sogenannten Platzangst. Durch die Verabfolgung entsprechender Medikamente, also durch eine Therapie, die auf eine Bremsung der übermäßigen Schilddrüsenfunktion abzielt, läßt sich sowohl diese hormonale Funktionsstörung als auch die mit ihr kombinierte Ängstlichkeit ohne weiteres abstellen. Was uns im Zusammenhang mit dem Leib-Seele-Problem interessiert, ist jedoch folgendes: Wäre ich einfältig in meinen Schlußfolgerungen, würde ich also kurzschlüssig vorgehen, so würde ich folgern: irgendwie ließe sich die Behauptung wagen, daß alle Angst eigentlich Gewissensangst ist; aus dem vorhin Gesagten erhellt nun, daß eine Überproduktion des Schilddrüsenhormons dazu führt, daß der Betroffene Angst hat – folglich, so schließe ich weiter, ist Gewissen „nichts anderes als" Schilddrüsenhormon.

Sie würden – nicht weniger als ich selbst – eine solche Schlußfolgerung abwegig und lächerlich finden. Aber ein Professor an einer kalifornischen medizinischen Fakultät hat einen derartigen Schluß zu ziehen gewagt. Und zwar ist er ausgegangen vom Gegenteil: nicht von der Überfunktion der Schilddrüse, sondern von deren Unterfunktion – und er behauptete im wesentlichen folgendes: Verabreiche ich einem Kretin, also einem Individuum, das eben an einer solchen Unterfunktion der Schilddrüse erkrankt und dadurch in seiner geistigen Entwicklung zurückgeblieben ist, Schilddrüsenhormon, so werde ich alsbald beobachten und durch entsprechende Untersuchungen feststellen können, wie sein Intelligenzquotient zunimmt. Mit einem Wort, neue Geisteskräfte wachsen der betreffenden Person zu. Also – so schließt der kalifornische Kollege wörtlich und ernstlich – ist Geist „nichts als" Schilddrüsenhormon.

Oder nehmen wir ein weiteres Beispiel: Es gibt Menschen, die an einem eigenartigen Gefühl kranken: alles erscheint ihnen fern, und sie selbst kommen sich fremd vor. Wir Psychiater sprechen dann von einem Entfremdungserlebnis oder einem Depersonalisationssyndrom. Es kommt bei den verschiedensten seelischen Erkrankungen vor, ist aber an und für sich harmlos. Nun konnte ich zeigen, daß dieses psychische Krankheitszeichen in gewissen Fällen auf niedrig dosiertes Nebennierenrindenhormon ausgezeichnet anspricht. Das normale Persönlichkeitsgefühl, das normale Icherlebnis, stellt sich wieder ein. Aber es wäre mir nicht eingefallen, aus alledem den Schluß zu ziehen, daß die Persönlichkeit des Menschen, daß das Ich „nichts als" Nebennierenrindenhormon ist.

Bei näherem Zusehen ergibt sich nämlich, vor welchem Fehlschluß und Denkfehler wir uns zu hüten haben, wann immer von all diesen leib-seelischen Zusammenhängen die Rede ist: Wir müssen uns angewöhnen, genau zu unterscheiden zwischen Bedingen und Bewirken oder Erzeugen. So ist eine normal funktionierende Schilddrüse oder Nebennierenrinde wohl die Voraussetzung, die Vorbedingung eines normalen menschlichen Seelen- und Geisteslebens, aber damit ist nicht im geringsten ausgemacht, daß das Geistige im Menschen sozusagen erzeugt wird von jenen chemischen Prozessen, auf denen so etwas wie die Hormonproduktion des Organismus beruht.

Ich sprach soeben vom Organismus. Der Organismus ist nun das Insgesamt von Organen, und das heißt von Werkzeugen, von Instrumenten. Tatsächlich verhält sich das Geistige im Menschen – von dem wir soeben ausgesagt haben, daß es vom Chemismus nicht erzeugt und so denn auch vom Chemismus her nicht erklärt werden kann –, tatsächlich verhält sich dieses Geistige zum Organismus ebenso wie ein Virtuose zu seinem Instrument. Ich meine damit, daß der menschliche Geist, um sich entfalten zu können, eines funktionstüchtigen Organismus als einer Grundbedingung ebenso bedarf wie ein Virtuose eines guten „Instruments". Er ist angewiesen darauf – ja er ist abhängig von ihm; denn auf einem schlechten Instrument, sagen wir auf einem schlecht gestimmten Klavier, kann der beste Virtuose und der größte Künstler nicht richtig spielen. Was geschieht aber, wenn das Klavier verstimmt ist? Nun, man holt den Klavierstimmer herbei, und der stimmt das Instrument wieder zurecht. Aber nicht nur ein Klavier kann verstimmt sein, sondern auch ein Mensch. Er kann in einen Verstimmungszustand geraten, in einen Depressionszustand verfallen. Und was tun wir dann? In bestimmten Fällen behandeln wir den Betreffenden mit Hilfe von Elektroschocks, mit dem Erfolg, daß schließlich neue Lebensfreude in sein Gemüt einziehen wird. Aber ebensowenig wie vorhin die Schlußfolgerung erlaubt war, Schilddrüsenhormon sei identisch mit neuen Geisteskräften – ebensowenig ließe sich nunmehr folgern, daß neue Lebensfreude identisch sei mit Elektrizität.

Zu derartigen Trugschlüssen verführt wird man aber nicht nur durch die sogenannte Psychochemie, also durch die Faszination seitens der oben herausgestellten diversen Chemismen, die sich als mehr minder *notwendiger (aber nicht hinreichender) Grund* normalen Seelenlebens erwiesen haben; sondern auch das, was man einmal als Psychochirurgie bezeichnet hat, verführt zu dem, was L. Klages eine abergläubische Betrachtung des Gehirns genannt hat. Gewiß lassen sich auch durch chirurgische Maßnahmen, durch hirnoperative Eingriffe, die Bedingungen verändern, unter denen allein ein normales Seelenleben möglich ist; diese Bedingungen lassen sich verändern und auch verbessern, also unter Umständen normalisieren, nämlich dort, wo sie krankhaft verändert sind. Aber auch das Skalpell des Hirnchirurgen erreicht nicht das Geistige im Menschen! Dies anzunehmen wäre flagranter Materialismus; denn der Geist, die menschliche Seele, hat nicht im Gehirn ihren „Sitz", und mit Recht hat Klages darauf hingewiesen, daß die Aufgabe der Hirnforschung nicht darin besteht, den „Sitz der Seele" zu suchen, vielmehr im Aufsuchen der zerebralen Bedingungen für seelische Vorgänge. Er zeigt dies an Hand eines treffenden Gleichnisses auf: Jemand entfernt in einem elektrisch beleuchteten Raum die Sicherung, und das Licht erlischt; niemand, sagt Klages, wird nun die Stelle, an der die Sicherung stak, als den „Sitz" des Lichtes bezeichnen.

Noch weniger aber dürfte man aus der Tatsache, daß es unstatthaft ist, von einem Sitz der Seele im Gehirn zu sprechen, nun den Schluß ziehen: also gibt es keine Seele. Eine solche Argumentationsweise erinnert mich an folgendes Erlebnis: Im Rahmen einer öffentlichen Diskussion fragte mich einmal ein junger Handwerker, ob ich ihm die Seele beispielsweise bei der mikroskopischen Untersuchung des Gehirns zeigen könnte; denn andernfalls glaube er an keine Seele. Ich fragte zurück, warum er am mikroskopischen Nachweis interessiert sei, und er gab mir zur Antwort: Nun, aus dem Drang zur Erforschung der Wahrheit. Und nun brauchte ich ihn nur noch zu fragen: und dieses Ihr Streben nach Wahrheit – was ist es: etwas Leibliches oder etwas Seelisches? Und er mußte zugeben: etwas Seelisches. Mit einem Wort: was er gesucht hatte und nicht finden konnte, war bei all seinem Suchen längst schon die Voraussetzung gewesen.

Spiritismus

Wieder einmal ist es soweit, daß eine Welle des Aberglaubens sich der Öffentlichkeit bemächtigt, und zwar meine ich im besonderen jenen Aberglauben, der sich so gerne unter der Kappe wissenschaftlich klingender Ausdrücke tarnt, wie unter dem Namen Spiritismus oder Okkultismus. Anscheinend ist es ja wirklich so, wie Scheler einmal gesagt hat, daß nämlich der Mensch entweder einen Gott hat oder aber einen Götzen. Und wir könnten ergänzend hinzusetzen, entweder der Mensch hat einen Glauben – oder aber er huldigt einem Aberglauben. Und so mag es denn auch zu verstehen sein, daß die heute so allgemein um sich greifende Desorientiertheit am Geistigen, also diese Form der Glaubenslosigkeit: der mangelnde Glaube ans Geistige als eine Wirklichkeit – dazu geführt hat, daß die solcherart geistig Desorientierten nur um so interessierter sind an „den Geistern". Es ist aber selbstverständlich, daß hier nicht die Rede ist etwa von jener parapsychologischen Forschung, wie der durchaus ernst zu nehmende amerikanische Wissenschaftler Rhine sie entriert hat, oder gar von der theologischen Problematik rund um das Wunder: über letztere sind die Akten geschlossen – während die über die wissenschaftlich ernst zu nehmende parapsychologische Forschung allerdings nichts weniger als geschlossen sind.

Aber von alledem soll hier, wie gesagt, nicht die Rede sein. Vielmehr nur von jenem sogenannten, sich selbst als solchen bezeichnenden Spiritismus, dessen „Experimente" mehr oder weniger auf Täuschung basieren, nicht zuletzt aber auch auf Selbsttäuschung. Und zwar soll von diesem Spiritismus deshalb gesprochen werden, weil er vom Standort seelischer Hygiene – und diesem Standort sind meine Vorträge verpflichtet – nicht ungefährlich ist. Ich kenne – ebenso wie jeder erfahrene psychiatrische Fachkollege – eine ganze Serie von Fällen, in denen seelisch anfällige Menschen, sobald sie in spiritistische Kreise gerieten, unter deren Einfluß erst eigentlich krank wurden, bei denen also eine Geisteskrankheit durch ihre Beschäftigung mit dem Spiritismus zwar gewiß nicht verursacht, wohl aber ausgelöst wurde. In anderen Fällen wieder hat die Tatsache, daß sich jemand auf einmal mit dem Spiritismus befaßt, als erstes *Symptom* einer Geistesstörung zu gelten.

So etwas merkt unter Umständen auch der gesunde Menschenverstand; trotzdem zeigt sich, daß sich der gesunde Menschenverstand leicht bluffen läßt. So kenne ich eine Dame, die sich einmal an mich gewandt hat, um ihre „übernatürliche" Fähigkeit überprüfen zu lassen, verborgene, unerkannt gebliebene Krankheiten zu erkennen. Ich lud sie in die Neurologische Poliklinik ein, und nachdem sie dort allerhand abwegiges Zeug im Sinne theoretischer Erklärungen vorausgeschickt hatte, versuchte sie, die behauptete Fähigkeit unter praktischen Beweis zu stellen; aber *keine ihrer Diagnosen stimmte,* und nicht einmal dort, wo es aus irgendwelchen Indizien heraus hätte naheliegen müssen, richtig zu diagnostizieren, konnte sie eine richtige Diagnose stellen. Um so erstaunter war ich, als ich aus dem Mund eines angesehenen Wiener Gelehrten, eines Geisteswissenschaftlers, zu hören bekam, er hätte diese Dame aufgesucht, und ihre „verblüffenden" Diagnosen hätten ihn tief beeindruckt. Dabei geht meine persönliche Ansicht dahin, daß keine wissenschaftliche Durchuntersuchung vollständig ist, die sich nicht jener Fachleute bedient, die auf einen raffinierten Schwindel überhaupt erst so recht gefaßt sind: ich spreche von den gewiegten Zauberkünstlern – von denen auch die routiniertesten Kriminalisten lernen können. Im Falle der „übernatürlich" begabten Dame, von der ich vorhin sprach, war es wenigstens so, daß sie sich einer klinischen Durchuntersuchung stellte, noch dazu auf ihren eigenen Wunsch; für gewöhnlich ist es jedoch so, daß sich die betreffenden Damen oder Herren einer solchen Untersuchung entziehen. Tatsächlich ist in der wissenschaftlichen Literatur aus der letzten Zeit nur ein einziger Fall vollständig klinisch durchuntersucht, und zwar der Fall Mirin Dajo. (Im folgenden stütze ich mich auf die exakten Untersuchungsergebnisse der Schweizer Kliniker Schläpfer und Undritz.)

Mirin Dajo hatte sich als unverletzlich bezeichnet und darauf berufen, daß er dies der Macht seines Geistes über den Körper verdankt; um diese Macht bzw. seine Unverletzlichkeit zu beweisen, stieß er sich allabendlich in einem Schweizer Varieté ein Florett durch die Brust und durchbohrte so sein Herz – zumindest wurde dies von den Zuschauern behauptet. Aber hierbei haben wir es bereits mit der ersten Massensuggestion zu tun; denn sofern das Florett überhaupt die Brust durchdrang, geschah dies jeweils nur auf der rechten Seite, wie sich später hatte nachweisen lassen. Aber, so wird man fragen, wieso hat Mirin Dajo niemals geblutet? Nun, um dies erklären zu können, brauchen wir gar nicht erst die Massensuggestion zu bemühen. Sondern: das Florett hatte einen runden Querschnitt, also keine Schneide; im Gegensatz zu einem ebenso runden Geschoß, das selbstverständlich sehr wohl zu einer Verletzung führen würde, wurde das Florett nur langsam in den Körper von Mirin Dajo eingeführt und entsprechend dieser Langsamkeit konnten die Gefäße ausweichen – sie wurden also keineswegs durchschnitten; ebensowenig jedoch wurden sie durch das eindringende Florett zerrissen; denn die betreffenden Gewebe sind elastisch; also selbst wenn ein Blutgefäß einmal verletzt worden wäre, hätte sich der Stichkanal durch die Elastizität der Gewebe auch wieder geschlossen.

Aber nicht nur Massensuggestion mag im Falle Mirin Dajo in diesem oder jenem Punkte mit eine Rolle gespielt haben, sondern auch die Autosuggestion. Zumindest behaupten dies jene Kliniker, die Mirin Dajo untersucht haben. Schließlich wäre es ja auch denkbar, daß es eine Autosuggestion war, und zwar die der Schmerzlosigkeit, welche bewirkt hat, daß an der Einstichstelle kein Blut zu sehen war. So erinnere ich mich an den Fall einer Krankenschwester, die sich in einem Hypnosekurs für Ärzte freiwillig als Modell zur Verfügung gestellt hatte, damit ich an ihr all das demonstrieren könnte, was zum Thema Hypnose dazugehört. In diesem Sinne habe ich ihr nun Schmerzlosigkeit suggeriert, und zwar an einer bestimmten Stelle des Unterarms; um den Kursteilnehmern zu zeigen, daß die betreffende Stelle auch wirklich unempfindlich geworden war, hob ich eine Hautfalte ab und stach eine dicke Injektionsnadel hindurch, ohne daß die Versuchsperson auch nur im geringsten gezuckt hätte; aber sie hat, nach Entfernen der Nadel, auch nicht geblutet; vielmehr begann die Einstichstelle erst zu bluten, nachdem ich die Versuchsperson aus der Hypnose erweckt hatte.

Nun, im Falle Mirin Dajo lag meines Erachtens gar keine Autosuggestion vor; denn es ist ganz und gar nicht so überraschend, daß er anläßlich der wiederholten Selbstverletzung sichtlich keine nennenswerten Schmerzen hatte: erstens sind die inneren Organe, worauf auch die Untersucher von Mirin Dajo hingewiesen haben, im allgemeinen gar nicht schmerzempfindlich. Ich erinnere nur an die Paradoxie, daß beispielsweise das Gehirn, also gerade jenes Organ, „mit dessen Hilfe" sozusagen wir Schmerzen empfinden, selber schmerzunempfindlich ist, wovon wir uns gelegentlich einer Hirnoperation, die ja im allgemeinen in Lokalanästhesie vorgenommen wird, also bei vollem Bewußtsein des Patienten vor sich geht, leicht überzeugen können. Zugegeben: das Durchstechen der Haut ist schmerzhaft, und hier mag Autosuggestion eine Rolle gespielt haben – sie wäre nichts Außergewöhnliches! Wenn ich bei einem ängstlichen Patienten eine Lumbalpunktion vornehmen muß, also einen Stich ins Rückgrat, den sogenannten Lendenstich, dann verspreche ich dem Betreffenden nicht selten, daß ich ihm die entsprechende Hautstelle mit Novocain unempfindlich machen werde, und während er glaubt, daß ich ihm zunächst Novocain injiziere, und demgemäß davon überzeugt ist, daß er nun nichts mehr spüren kann, bin ich auch schon mit der Punktion fertig. Und es ist vorgekommen, daß solche Patienten es nicht glauben wollten, zumindest nicht bevor ich ihnen die Eprouvette mit Rückenmarksflüssigkeit vor Augen hielt – so wenig hatten sie gespürt.

Im allgemeinen benötigt man aber gar keine Lokalanästhesie; denn im allgemeinen erträgt der Kranke den Schmerz eines Nadelstichs auch so, indem er sich einfach um seiner Gesundheit, seiner Genesung willen genügend Selbstbeherrschung auferlegt. Nun, was die Tausende und aber Tausende von Patienten, die von Hunderten und aber Hunderten von Ärzten alltäglich an allen möglichen Hautstellen gestochen und punktiert werden, was all diese Patienten alltäglich erdulden, ohne mit der Wimper zu zucken, das zu ertragen sollte ein Varietékünstler um seiner allabendlichen Gage willen nicht ebenfalls imstande sein, dabei ebensowenig mit der Wimper zuckend? Wenn er aber dann droben steht, auf der Bühne des Varietés, und mit riesigem Aplomb, nach allerhand mysteriösen Vorbereitungen, eine möglichst lange Nadel durch seine Wangen sticht – dies freilich macht Eindruck, eben massensuggestiven Eindruck, und der Zuschauer vergißt, daß der sogenannte Fakir da droben auf der Bühne nichts anderes vermochte als er selbst, der Zuschauer, heute vormittag in der Ordination seines Arztes, allerdings ohne so wie der Fakir ein Honorar dafür zu – bekommen...

Nun, im Falle des Mirin Dajo war das Motiv nicht ein Honorar, sondern sein Idealismus, sein Pazifismus – ihm wollte er, mit seinen Experimenten und Demonstrationen, Nachdruck verleihen. Es bleibt also dabei: de mortuis nil nisi bene – über Tote nur das Gute; denn Mirin Dajo ist tot – er starb, nachdem er ein spitzes, dolchartiges Instrument verschluckt hatte, um zu beweisen, daß er es zu „entstofflichen" vermöge. Die Ärzte hatten ihn gewarnt – vergebens; und dann mußten sie ihn operieren – ebenso vergebens; schließlich konnten sie ihn obduzieren und vermochten so, in diesem konkreten Einzelfall ein wirklich vollständiges Gutachten zu erstellen, einschließlich des Ergebnisses der Leichenöffnung. Der Fall ist tragisch zu nennen und keinesfalls zur Nachahmung zu empfehlen; denn zwar heißt es in der Bibel, daß dereinst die Schwerter in Pflüge verwandelt würden; keineswegs aber dient man dem Weltfrieden, wie Mirin Dajo es ja gewollt hatte, indem man Waffen wie ein Florett sich in die Brust sticht.

Auch die Macht des Geistes läßt sich eher, d. h. eindrucksvoller und gefahrloser, auf andere Weise demonstrieren. Dem Geistigen ist wenig gedient, und die Herrschaft des Geistigen wird wenig gefördert in der Welt durch spiritistische Sitzungen mit und ohne Geisterbeschwörungen. Es *gibt* Geistiges – aber *dieses* Geistige hat wahrlich anderes zu tun, als Vasen durch verdunkelte Zimmer zu werfen, und jenes Geistige, an dem als einer Wirklichkeit auch der Mensch teilhat, hat gar nichts zu tun mit gerückten Tischen. Sondern es will mir scheinen, als ob durch dergleichen Praktiken die geistige Wirklichkeit des Menschen, das wirklich Geistige in der Welt, dem schlichten und einfachen Menschen und dessen unbefangenem gesundem Verstand gegenüber eher in Mißkredit gebracht würde, anstatt gefördert – zu welcher Förderung wir heute wahrlich allen Grund haben.

Was sagt der Psychiater zur modernen Kunst?

Sobald die Frage gestellt wird: Was sagt der Psychiater zur modernen Kunst? erhebt sich eine andere Frage; die nämlich, ob der Psychiater überhaupt berechtigt ist, über so etwas wie moderne Kunst zu sprechen, mit einem Wort, ob er in bezug auf dieses Thema überhaupt zuständig sei. Nun, dazu wäre folgendes zu sagen: Über moderne Kunst ist gewiß schon viel gesprochen worden – sowohl im Sinne bloßen Geredes als auch im Sinne echter Gespräche –, und zwar wurde ebensoviel für die moderne Kunst gesprochen wie gegen sie. Und so mag sie denn in die Situation einer Angeklagten hineingeschlittert sein. Ist es nun so selten, daß – nach Verlesung so vieler Anklageschriften – ein Gutachten eingeholt wird? Ein psychiatrisches Gutachten, das Gutachten eines psychiatrischen Sachverständigen.

Aber da halten wir auch schon vor dem ersten Problem. Denn der Psychiater *ist* ja gar kein Sachverständiger, zumindest nicht in dieser Hinsicht; was er in Wirklichkeit ist, ist etwas anderes: er ist sozusagen Personverständiger. Als Psychiater versteht er nichts von der Sache der modernen Kunst, aber sehr wohl etwas von der Person des betreffenden Künstlers, und in Kenntnis solcher Künstlerpersönlichkeiten darf ich, wenn es mir erlaubt ist, aus der Schule, und das heißt in diesem Fall aus der Ordination zu plaudern, folgendes verraten: Ich kenne eine Reihe moderner, höchst moderner Künstler; und ich muß sagen, es sind welche darunter, die – vom psychiatrischen Standpunkt beurteilt – vollkommen normale Persönlichkeiten darstellen (ich habe sie auch gar nicht als Patienten kennengelernt); und ich habe andererseits im Laufe der Jahre eine ganze Reihe neurotischer oder psychotischer Maler kennengelernt, und ich muß sagen, sie haben im allgemeinen höchst realistisch oder naturalistisch gemalt[1]. Die

---

[1] In der Wohnung des Direktors der Antwerpener Irrenanstalt sah ich Gemälde, die – bis auf ein einziges – in modernstem Stil gehalten waren; dieses eine, ein impressionistisches, war aber auch das einzige, das von einem Patienten herrührte.

Diagnose der jeweiligen seelischen Störung habe ich aber auf Grund klinischer *Symptome* gestellt, und es wäre mir bestimmt nicht eingefallen, eine Geistesstörung im Hinblick auf einen bestimmten künstlerischen *Stil* hin zu diagnostizieren.

Und so stehen wir denn auch schon vor einer zweiten Frage: Lassen sich aus dem Werk irgendwelche psychiatrischen Rückschlüsse ziehen auf seinen Schöpfer? Nun, es ist dies reichlich versucht worden; aber derartige Versuche sind vorwiegend vorbehalten geblieben bloßen Amateurpsychiatern, psychiatrischen Dilettanten. Ich denke dabei hauptsächlich an manche Journalisten und Kunstkritiker, bei denen es heutzutage zum guten Ton gehört, etwa im Rahmen einer Theaterkritik mit dem Ödipus- und anderen Komplexen nur so herumzuwerfen.

Nun wird man darauf hinweisen, daß doch so mancher moderne Künstler selber immer wieder davon spricht, er schaffe unter dem Einfluß seines Unterbewußtseins oder dergleichen mehr. Es erhebt sich sonach die dritte Frage: Was ist von den sogenannten automatischen Produktionen des Unbewußten zu halten? Nun, ich meinte vorhin, daß sich einzelne Kunstkritiker gleichsam als Psychiater aufspielen; jetzt aber muß ich sagen, daß so manche Künstler zu diesem falschen Spiel ihrerseits gute Miene machen, daß sie mitspielen, indem sie sich nämlich beispielsweise schizophren gebärden, also so tun, als ob sie wirklich Automaten ihres Unterbewußtseins wären. Aber, und nun spreche ich wieder als Psychiater, sie spielen diese ihre Rolle schlecht.

Mancher wird nun fragen, wie denn die Malereien wirklich Geisteskranker wirklich aussehen. Nun, in diesem Zusammenhang wäre vor allem an etwas zu erinnern, was meines Wissens bisher immer übersehen wurde: daß nämlich all die künstlerischen oder künstlerisch sein sollenden Produktionen geisteskranker Menschen, wie sie etwa in Anstalten gesammelt oder beim ersten Weltkongreß der Psychiater in Paris ausgestellt waren, eben nicht nur ausgestellt, sondern jeweils auch ausgewählt waren. Und die Auswahl wurde gewiß nach dem Gesichtspunkt der Auffälligkeit, der Absonderlichkeit getroffen. Aber die Mehrzahl derartiger Produktionen, die ich selbst im Laufe einer jahrelangen Tätigkeit in psychiatrischen Kliniken gesehen habe, war – ich muß schon sagen – höchst banal. Gewiß: im Inhaltlichen, z. B. in der Themenwahl, wird sich immer wieder der Einfluß der Geistesstörung verraten. Aber was das Formale, was den Stil anbelangt, kennen wir Psychiater höchstens bezüglich gewisser Formen der Epilepsie eine charakteristische Manier, nämlich die Neigung zu stereotyp wiederholten Ornamenten.

Man darf bei alledem natürlich eines nicht vergessen: die Graduierung als akademischer Maler bedeutet leider keine Immunisierung gegen Geisteskrankheit. Es kann ein wirklicher Maler, ein wahrer Künstler, psychotisch erkranken. Im besten Fall, also wenn er im Unglück Glück hat, bleibt seine künstlerische Begabung dann ungeschmälert, und seine künstlerische Produktion hält an. Geschieht dies aber, so geschieht es trotz der Psychose, aber niemals aus der Psychose heraus. Niemals ist eine seelische Krankheit an sich produktiv, niemals ist das Krankhafte selber, von sich aus, schöpferisch. Schöpferisch sein kann nur der Geist des Menschen, aber niemals eine Krankheit des „Geistes", die sogenannte Geisteskrankheit. Der menschliche Geist jedoch kann gerade in der Auseinandersetzung mit diesem furchtbaren Schicksal, Geisteskrankheit genannt, das Letzte an schöpferischer Kraft hergeben.

Wann immer das geschieht, darf man auch nicht den entgegengesetzten Fehler begehen; nämlich ebensowenig, wie man der Krankheit als solcher irgendwelche schöpferischen Kräfte zutrauen darf, ebensowenig dürfte man die Tatsache einer Geisteskrankheit gegen den künstlerischen Wert einer Schöpfung ausspielen. Über Wert und Unwert, über wahr und unwahr hat auf keinen Fall der Psychiater zu befinden. Ob die Weltanschauung eines Nietzsche wahr ist oder falsch, hat mit seiner Paralyse nichts zu tun; ob die Gedichte eines Hölderlin schön sind oder nicht, hat mit seiner Schizophrenie nichts gemein. Ich habe das einmal sehr einfach formuliert, indem ich sagte: $2 \times 2 = 4$, auch wenn ein Schizophrener es behauptet[2].

Es fragt sich nun, ob die moderne Kunst mit den Produktionen (ich sage absichtlich nicht mit den „Schöpfungen") wirklich geisteskranker Menschen etwas gemeinsam hat und was diesen gemeinsamen Nenner darstellen mag. Darauf wäre zu antworten, daß sich so mancher Geisteskranke in gewissem Sinn in einer

[2] Siehe Viktor E. Frankl: Psychotherapie und Weltanschauung – Internationale Zeitschrift für Individualpsychologie, September 1925: „Denn von vornherein ist es natürlich nicht gegeben, daß das, was nicht ‚normal' ist, auch falsch sei. Es läßt sich ebenso behaupten, daß Schopenhauer die Welt durch eine graue Brille hindurch betrachtet hat, wie, daß er sie wohl richtig sah, aber die übrigen, normalen Menschen – rosa Augengläser hatten, oder, mit anderen Worten, nicht Schopenhauers Melancholie täuschte, sondern der Lebenswille der gesunden Menschen hält sie befangen im Wahne eines absoluten Lebenswertes."

ähnlichen Situation befinden mag wie der moderne Künstler: der Kranke fühlt sich überwältigt vom Erlebnis „nie gelebter Welten", wie Storch es einmal so schön genannt hat; und diesem Merkwürdigen und Fürchterlichen gegenüber, das ihm da widerfährt, ringt er um den sprachlichen Ausdruck, und in diesem Kampf kommt er nicht aus mit den Worten der alltäglichen Sprache, und so bildet er denn neue Worte, und diese Wortneubildungen, diese sogenannten Neologismen, sind ein uns Psychiatern geläufiges Symptom bei bestimmten Psychosen. Nun, ähnlich der moderne Künstler, der einer Fülle an Problematik – nicht mehr und nicht weniger als der Problematik unserer Zeit! – gegenübersteht, der sich die überlieferten Formen nicht gewachsen zeigen; was Wunder, wenn er nach neuen Formen greift? Der gemeinsame Nenner, den wir gesucht haben, liegt also in der Ausdrucksnot, der Ausdruckskrise, in der sich beide, sowohl der Geisteskranke als auch der zeitgenössische Künstler, gleichermaßen befinden.

Diese Gemeinsamkeit dürfte man freilich den Künstlern nicht übel anrechnen – sie ist keine Schande; denn erstens gab es eine solche Ausdruckskrise noch zu jeder Zeit – *jede* Zeit hatte ihre „Moderne"! Und zweitens gibt es diese Ausdruckskrise an jedem Ort, geistig gesehen, nämlich auf jedem Gebiet des Geisteslebens. Oder ist sie etwa in der modernen Philosophie, ja in der modernen Psychiatrie weniger aufweisbar? Bekannt ist der schwierige Stil und die vielen neuen Wortprägungen, die z.B. Martin Heidegger angelastet werden. Ich habe mir einmal vor Jahr und Tag das Experiment erlaubt, gelegentlich einer Vorlesung je drei Sätze vorzulesen mit der Bemerkung, die einen drei Sätze stammen aus einem Werk von Heidegger, während ich die anderen am gleichen Tag in einem Gespräch mit einer schizophrenen Patientin mitstenographiert hatte. Ich bat nun das Auditorium, darüber abzustimmen, welche Sätze dem Buch des bekannten Philosophen entnommen waren bzw. welche Sätze von der geistesgestörten Patientin herrührten. Und ich darf verraten, daß die überwältigende Majorität meiner Hörer die Worte des großen Philosophen für schizophren hielt und umgekehrt – immerhin die Worte eines Philosophen, von dem der bedeutende Schweizer Psychiater Ludwig Binswanger einmal gesagt hat, mit einem einzigen Satz habe Heidegger ganze Bibliotheken, die zum selben Thema geschrieben worden waren, in das Reich der Geschichte verwiesen. Nehmen wir an, daß dem wirklich so ist:

mußte nicht Heidegger neue Worte prägen, um eine solche historische Leistung vollbringen zu können? Wenn er mit den alten Begriffen, diesen abgegriffenen Münzen, nicht sein Auslangen fand, dann kann dies höchstens gegen die Tauglichkeit unserer Sprache ins Treffen geführt werden, aber keinesfalls spräche es gegen den Philosophen und gegen seinen eigenwilligen Sprachstil.

Nach diesem Exkurs über die Ausdrucksnot des Künstlers nun zum Schluß zur Frage, inwieweit man die moderne Kunst ernst nehmen darf – wobei ich betone, daß diese Frage an dieser Stelle einzig und allein soweit beantwortet werden soll, als der Seelenarzt hiezu einen Beitrag leisten kann! Nun, was heißt in diesem Fall: ernst nehmen? Es heißt soviel wie als echt anerkennen. Und in bezug auf die Frage der Echtheit mag tatsächlich der Seelenarzt einiges zu sagen, ein Wort mitzureden haben. Was ich dazu zu sagen habe, wäre nun folgendes: Es ist ohne weiteres möglich, daß das eine oder andere charakteristische Stilmoment der zeitgenössischen Kunst ursprünglich von einer seelisch abwegigen Künstlerpersönlichkeit kreiert wurde. Es ist weiters möglich, daß gerade solchen abwegigen Persönlichkeiten und ihren Schöpfungen eine gewisse suggestive Kraft eignete, die sich alsbald so auswirken mußte, daß sie eine Mode zu schaffen begann; wo es aber eine Mode gibt, wo etwas zur Mode wird, dort stellen sich über kurz oder lang auch die Konjunkturritter ein, und unter ihnen mag es auch den einen oder anderen geben, der weder die Kunst noch das Publikum, noch sich selber ganz ernst nimmt, sondern sich denkt, die snobistische Welt will getäuscht werden – soll sie es haben.

All dies zugegeben – dies alles ist möglich; aber wirklich ist und fest steht gerade für mich als Psychiater eines: daß es unter den modernen Künstlern, und zwar auch unter denen mit den gewagtesten Schöpfungen, immer wieder welche gibt, die es unbedingt verdienen, ernst weil echt genommen zu werden. Wer jemals so, wie ich es war und wie nur ein praktizierender klinischer Psychiater es sein kann, Zeuge war des unablässigen und ehrlichen Ringens künstlerisch produktiver Patienten, ihres inneren Kampfes um den echten Ausdruck ihrer künstlerischen Intentionen, der wird mir beipflichten müssen; wer wie ich Zeuge war, wie solch ein Künstler erst den hundertsten Entwurf eines Werkes gelten ließ oder wie erst die zehnte Ausführung vor seinem künstlerischen Gewissen bestehen konnte, der wird in seinem Urteil vorsichtiger werden und zurückhaltender sein mit einem voreiligen Aburteilen. Denn er wird so wie ich mit angesehen haben, wie selbst das, was auf den ersten Blick wie Willkür imponieren mag, einer inneren Notwendigkeit entsprang.

Ich weiß nicht, wie hoch der Prozentsatz dieser echten Künstler zu veranschlagen ist, und es ist auch nicht meine Sache, diese Frage zu beantworten; aber wenn es auch nur einen einzigen solchen gerechten, nämlich einen einzigen echten unter den modernen Künstlern gäbe, dann stünde es dafür, sich auch die Mühe zu geben, zwischen echt und unecht unterscheiden zu lernen und es sich nicht leicht zu machen, indem man die moderne Kunst in Bausch und Bogen abtut und zu diesem Zweck auch noch die Psychiatrie bemüht.

Der Arzt und das Leiden

Es ist eine Selbstverständlichkeit, daß gerade der Arzt immer wieder konfrontiert wird mit menschlichem Leiden. Aber weniger selbstverständlich mag es sein, daß gerade er auch unterscheiden muß zwischen zweierlei Leiden, nämlich dem notwendigen Leiden und dem unnötigen Leiden. Unnötiges Leiden ist alles Leiden, das sich entweder beheben läßt: durch eine Behandlung, also therapeutisch – oder aber vermeiden läßt: durch die Verhütung von Krankheiten, also prophylaktisch, hygienisch. Ich nenne ein Beispiel: Ein Leiden beheben kann der Arzt, indem er die Schmerzursache beseitigt, z. B. durch eine Operation. Es handelt sich dann um eine chirurgische, um die radikale Art, eine Krankheit zu heilen. Aber wir dürfen ja nicht vergessen, daß sich die Schmerzursache nicht immer beheben läßt, daß nicht jede Krankheit heilbar ist. Aber auch dann gibt es noch eine Aufgabe für den Arzt; nämlich auch dort, wo er die Ursache der Schmerzen nicht beseitigen kann, soll er die Schmerzen selbst wenigstens lindern. Dies geschieht im allgemeinen nicht auf chirurgischem Wege, nicht mit operativen Mitteln, sondern für gewöhnlich mit Hilfe von Medikamenten.

Hier stehen wir aber auch schon vor dem ersten Problem, nämlich, ob diese Zielsetzung, Schmerzen zu lindern, wo es nicht mehr möglich ist, Krankheiten zu heilen, ob diese Aufgabe der Schmerzlinderung auch um jeden Preis verfolgt werden darf. Z. B. wäre es ja denkbar, daß der Arzt es sich zur Aufgabe macht, die Schmerzen seines Patienten um den Preis einer nennenswerten Lebensverkürzung zu lindern. Wir stehen hier vor dem Problem der Euthanasie, der Sterbehilfe oder des Gnadentodes. Nun, es ist klar, daß Euthanasie unerlaubt ist, und ich hatte bereits einmal Gelegenheit, von dieser Stelle aus davon zu sprechen, warum sie unerlaubt bleiben muß. Die Euthanasie wurde im allgemeinen auf medikamentösem Wege erzielt (von der brutalen Form der Vergasung sogenannten lebensunwerten

147

Lebens brauchen wir ja nicht mehr zu sprechen). Aber es gibt auch ein anderes, ein nicht medikamentöses Vorgehen: es gibt auch den Versuch einer Schmerzlinderung, der sich chirurgischer Mittel bedient. Ich denke im besonderen an jene Hirnoperation, die man als Leukotomie oder Lobotomie bezeichnet. Hierbei wird durch ein Einschneiden der Faserbündel zwischen dem Sehhügel und dem Stirnhirn ein Zustand erzielt, der trotz weiterbestehender Schmerzen den Patienten so weit bringt, daß er unter diesen Schmerzen nicht mehr leidet. Das Leidenserlebnis wird vom Schmerzzustand sozusagen subtrahiert.

Es kommt nun immer wieder auch vor, daß ein leukotomierter bzw. lobotomierter Patient nach der Operation einen gewissen Mangel an Initiative und an Interessen zeigt. Gerade dies aber ist bei manchen Patienten von vornherein einkalkuliert, ja beabsichtigt, nämlich bei gewissen psychischen Störungen. In jenen Fällen jedoch, die wir jetzt im Auge haben, nämlich wo die Anzeige zu dieser Operation sich auf Schmerzzustände bezieht, wo also anderweitig unstillbare Schmerzen gelindert werden sollen, ist die geringgradige Charakterveränderung etwas, was man bewußt in Kauf nimmt. Wann aber darf der Arzt diese Charakterveränderung, diese gewisse Abstumpfung des Gemüts, in Kauf nehmen? Darf er dies um jeden Preis? Nein! Sondern er darf es nur dort, wo das Handikap, das durch die Krankheit bzw. durch die Schmerzen gesetzt würde, größer ist als jenes Handikap, das durch die Gemütsabstumpfung erzeugt wird. Das heißt, in jedem Fall hat der Arzt, bevor er an diesen Eingriff herangeht, abzuwägen zwischen einem kleineren und einem größeren Übel und das kleinere Übel zu wählen. Daß ein Übel mit der Schmerzlinderung in jedem Fall verbunden ist, ist klar. Wenn ich, sagen wir im Falle eines nicht operierbaren Krebses, also in einem Falle, in dem die Schmerzursache nicht beseitigt werden kann, wo vielmehr auf medikamentösem Wege die Schmerzen zu lindern sind, wenn ich in einem solchen Fall den Patienten mit Morphium betäube, liefere ich ihn ja ebenfalls einem Handikap aus, setze ich ja ebenfalls ein kleineres Übel. Unter Umständen kann das Handikap, das ich durch Morphium bewirke, sogar ein größeres sein als das, das ich nach einer Leukotomie erwarten muß; denn durch höhere Morphiumdosen wird der Patient ja in einem ständigen Zustand der Benommenheit gehalten, wovon nach einer Leukotomie gar nicht die Rede sein kann.

Wir sehen, daß sich das Leiden des Menschen dadurch beheben läßt, daß wir die Schmerzursache beseitigen, aber daß auch dann, wo dies nicht mehr möglich ist, die Schmerzen gelindert werden können und auch noch auf diesem Wege das Leiden behoben werden kann. Aber was dann, wenn wir nichts mehr tun können, um einem Menschen sein Leiden abzunehmen bzw. wenn er selbst weder durch ein Tun noch durch ein Lassen (nämlich durch das Sich-operieren-Lassen) etwas dazu beitragen kann, um sein Leiden loszuwerden: was dann? Was dann, wenn dieses Leiden, mit anderen Worten, ein echtes Schicksal darstellt, gleichzeitig aber es unmöglich geworden ist, das Schicksal in die Hand zu nehmen, eben indem man etwas gegen das Leiden unternimmt? Nun, dort wo man das Schicksal nicht mehr in die Hand nehmen kann, gilt eben etwas anderes, gilt es, das Schicksal auf sich zu nehmen; beispielsweise, um beim vorangegangenen Beispiel zu bleiben, in jenen Fällen, wo der Krankheit durch Operation nicht mehr beizukommen ist, ist also vom Patienten nicht etwa verlangt, daß er *Mut* habe zur Operation und nicht Operationsangst, sondern dann ist ihm etwas anderes abverlangt, dann ist ihm, diesem unabänderlichen Leiden gegenüber, abverlangt die *Demut*, es hinzunehmen, es auf sich zu nehmen. Wir sehen: dort, wo ich angesichts eines solch schweren Schicksals ihm nicht mehr mit einem Tun, also nicht mehr mit einer *Handlung* begegnen kann, dort muß ich ihm begegnen in der rechten *Haltung*. Das heißt aber, daß es nicht nur ein unnötiges Leiden gibt, das man beheben, dessen Ursache man beseitigen kann, sondern auch ein notwendiges Leiden, eben ein schicksalhaft notwendiges Leiden, in dessen Wesen es liegt, daß es unbehebbar ist, ja daß es unvermeidbar war. Dann aber hat das Leiden noch immer einen Sinn. Der Sinn liegt dann darin, in welcher Haltung wir ihm begegnen; der Sinn liegt darin, wie wir dieses Schicksal auf uns nehmen, wie wir uns *einstellen* zu solchem Leiden, wie wir es tragen: genau darin, in diesem Wie, ist eine Möglichkeit gegeben, Sinn zu erfüllen und in unser Leben hineinzuinvestieren; mit einem Wort, eine letzte Chance hiezu bleibt auch dem unheilbar und aussichtslos leidenden Menschen gewahrt.

Aber ich sage „eine" Chance, als ob sie irgendeine wäre: in Wirklichkeit ist sie die höchste Chance der Sinnerfüllung, die dem Menschen überhaupt verstattet ist. Denn: wenn Goethe das weise Wort gesagt hat: „Es gibt keine Situation, die man nicht veredeln könnte, entweder durch Leisten oder durch Dulden"

– so darf man hinzusetzen: das rechte Leiden, nämlich das aufrechte Leiden echten Schicksals, ist nicht nur selber eine Leistung, sondern sogar die höchste, die der Mensch zu vollbringen vermag. Und sei es auch nur, daß diese Leistung darin bestünde, daß ein Mensch Verzicht „leistet" – den ihm schicksalhaft abverlangten Verzicht.

Es sei mir gestattet, was mir da vorschwebt, an Hand eines konkreten Beispiels aufzuzeigen, auf das ich immer wieder zurückkommen muß – so lehrreich finde ich es: Eine Krankenschwester, die seinerzeit auf meiner Neurologischen Abteilung arbeitete, mußte eines Tages operiert werden – wegen eines Magentumors; aber der Tumor erwies sich bei der Operation als nicht entfernbar. In ihrer Verzweiflung läßt mich die Krankenschwester nun zu sich bitten. Im Gespräch ergibt sich, daß sie nicht einmal sosehr wegen ihrer Krankheit verzweifelt ist, sondern wegen ihrer Arbeitsunfähigkeit. Ihren Beruf liebt sie über alles. Jetzt aber kann sie ihn nicht ausüben, und dies ist der Grund ihrer Verzweiflung. Nun, ihre Situation war ja wirklich aussichtslos. (Eine Woche später starb sie.) Trotzdem habe ich versucht, ihr folgendes klarzumachen: Daß Sie acht oder weiß Gott wieviel Stunden am Tag arbeiten, das ist keine Kunst, das macht Ihnen bald jemand nach; aber wissen Sie, so arbeitswillig sein, wie Sie es sind, und dabei so arbeitsunfähig, also nicht arbeiten können, sondern aufs Arbeiten verzichten müssen und trotzdem nicht verzweifeln, das wäre eine Leistung, die kann Ihnen nicht so bald jemand nachmachen. Und sagen Sie, begehen Sie eigentlich nicht ein Unrecht an all jenen Tausenden von Menschen, denen Sie als Krankenschwester Ihr Leben geweiht haben: begehen Sie kein Unrecht an denen, wenn Sie jetzt so tun, als ob das Leben eines Kranken und Siechen, eines arbeitsunfähigen Menschen, sinnlos wäre? Wenn Sie in Ihrer Situation verzweifeln, dann tun Sie ja so, als ob der Sinn eines Menschenlebens damit stünde und fiele, daß der Mensch so und so viele Stunden arbeiten kann. Damit aber sprechen Sie allen Kranken und Siechen jedes Lebensrecht und alle Daseinsberechtigung ab. In Wirklichkeit haben Sie aber gerade jetzt eine einmalige Chance: Während Sie bisher all diesen Menschen gegenüber, die Ihnen anvertraut waren, nicht mehr leisten konnten als dienstlichen Beistand, können Sie jetzt mehr sein: menschliches Vorbild.

Man kann natürlich darüber streiten, ob dieses Gespräch von

mir als Arzt geführt wurde; denn schließlich und endlich habe ich mich darum bemüht, in einer Situation, wo ich als Arzt eben nicht mehr zu helfen vermochte, einfach als Mensch zu helfen, von Mensch zu Mensch zu sprechen und den anderen Menschen, sagen wir es ruhig, zu trösten. Aber warum sollte ein solches Vorgehen unärztlich sein? Vergessen wir doch nicht, daß über dem Haupttor des großen Allgemeinen Krankenhauses in Wien eine Tafel hängt, und auf ihr steht die Widmung, mit der Kaiser Joseph II. dieses Krankenhaus seiner Bestimmung übergab, und zwar heißt es dort: saluti et solatio aegrorum – et solatio: nicht nur der Heilung, sondern auch der Tröstung der Kranken. Man sieht also, daß nicht nur der Psychotherapeut (er nur erst recht, er im besonderen Maße) – schon der Arzt als solcher kommt nicht aus, wenn er nur die beiden Ziele verfolgt, seine Patienten arbeitsfähig zu machen und darüber hinaus noch genußfähig; nein, er muß sie auch leidensfähig machen. Er muß sie eben instand setzen, das schicksalhaft notwendige, weil unbehebbare und unvermeidbar gewesene Leiden auf sich zu nehmen, zu schultern und zu tragen.

Freilich, es ist zuzugeben, daß man mit rein naturwissenschaftlichen Mitteln dieser Bestimmung des Arztseins nicht mehr gerecht werden kann; mit Hilfe dessen, was die Naturwissenschaft uns an wissenschaftlichem Rüstzeug an die Hand gibt, kann ich wohl ein Bein amputieren; aber mit „reiner" Naturwissenschaft werde ich wohl niemals verhindern können, daß der betreffende Patient auf die Amputation hin, nach dieser Operation oder womöglich noch vor ihr, sich das Leben nimmt, weil er verzweifelt ist, weil er an einem Sinn des Weiterlebens mit bloß einem Bein zweifelt. Ein Chirurg z. B., der es ablehnen wollte, sich mit derartigen Dingen – wir können ruhig sagen: mit ärztlicher Seelsorge zu befassen und seinen Patienten auch ein Trostwort zu geben, wo er als Chirurg die Hände in den Schoß legen muß: ein Chirurg, der darauf verzichten wollte, dürfte sich nicht wundern, wenn er einen Patienten, den er für den nächsten Tag um 8 Uhr morgens zur Operation bestimmt hat, nicht auf dem Operationstisch vorfindet, sondern auf dem Obduktionstisch, da der Kranke in der Nacht Selbstmord begangen hat. Daß dieser Selbstmord ein unberechtigter, ein unbegründeter ist, ist klar; denn was wäre das schon für ein Leben, dessen Sinn damit stünde und fiele, daß man auf zwei Beinen stehen kann. Aber es kann geschehen, daß man dies einem verzweifelten Patienten mit wenigen Worten erst auseinandersetzen muß; denn in seiner Verzweiflung sieht er eben nicht so klar und weit. Und es bleibt schon dabei, was ein großer Nervenarzt einmal gesagt hat: Selbstverständlich, man kann auch Arzt sein ohne all dies; aber man muß sich nur dessen bewußt bleiben, daß man sich dann von einem Tierarzt nur mehr durch eines unterscheidet, nämlich durch die Verschiedenheit der Klientel.

Ist der Mensch ein Produkt
von Erbe und Umwelt?

Es entbehrt nicht einer tragikomischen Note, wenn man sieht, wie heutzutage versucht wird, der Misere der Zeit beizukommen und im besonderen dem geistigen Notstand des Einzelnen sowie der Masse zu steuern. Denn wie versucht man vorzugehen? Man geht aus von der Feststellung, daß der Mensch letzten Endes ein Produkt sei von zwei Faktoren, von zwei Kräften und Mächten: einerseits der Vererbung und andererseits der Umgebung. Die beiden Faktoren heißen also mit anderen Worten: Erbe und Umwelt – oder, wie man es in vergangenen Zeiten umschrieben hat: Blut und Boden. Und siehe da, letztlich sind all die Versuche, von diesen beiden Seiten her das Problem des Menschen anzugehen, zum Scheitern verurteilt, und zwar deshalb, weil sich das Eigentliche am Menschen, weil sich der Mensch als solcher, derartigen Annäherungsversuchen entzieht. Er läßt sich nämlich auf diesem Wege gar nicht fassen – und noch weniger ändern. Denn vergessen wir nicht, daß das Menschliche am Menschen ebensolange ausgelassen bleibt aus dem Bild, das wir uns vom Menschen machen – ebensolange, wie wir eben nur vom Menschen als einem Produkt sprechen: als ob der Mensch in seinem Verhalten eine Resultante wäre eines Kräfteparallelogramms, dessen beide Komponenten eben Erbe und Umwelt heißen ...

Selbstverständlich ist der Mensch abhängig sowohl von seinen Anlagen als auch von seinem Milieu, und nur im Rahmen jenes Spielraums, den ihm diese beiden gewähren, kann er sich frei bewegen. Aber innerhalb dieses Spielraums bewegt er sich eben frei, und diese Freiheit außer acht zu lassen, sie in der Betrachtung und in der Behandlung des Menschen zu vergessen und gar erst den Menschen selbst daran vergessen zu lassen, daß er frei ist – all dies muß sich rächen. Denn die Anlage können wir nun einmal nicht ändern, das Milieu aber nur zum Teil und kaum sofort. Also würden wir glattwegs in einen Fatalismus hineinschlittern, falls wir nur Erbe und Umwelt als Triebkräfte eines

Kräftespiels, genannt Mensch, in Rechnung stellten und gelten ließen: dies hieße nämlich genau, die Rechnung ohne den Wirt machen. Der Wirt – das wäre in unserem Falle der Mensch selbst, als in seinem Kern geistiges und daher freies und daher verantwortliches Wesen. Seine Freiheit aber können wir nicht mehr „in Rechnung stellen", an sie gilt es vielmehr zu appellieren: wir haben sie aufzurufen gegen die scheinbare Übermacht von Erbe und Umwelt – wir haben aufzurufen die Trotzmacht menschlichen Geistes, wie ich sie einmal genannt habe.

Und der Mensch *hat* diese Macht. Selbst noch die exaktesten wissenschaftlichen Forschungsergebnisse haben diese Trotzmacht, haben menschliche Freiheit nur bestätigen und nur noch mehr erhellen können. So wies einmal der bekannte Erbforscher Friedrich Stumpfl darauf hin, daß nach dem riesigen Aufwand von sogenannter Tiefenpsychologie, Psychiatrie, Erbforschung und Milieuforschung das Endergebnis wahrlich enttäuschend sei. Denn, so fährt Stumpfl fort, wir glaubten, durch unsere Forschung den Menschen in seiner Gebundenheit und Bedingtheit durch Triebe, Erbe, Umwelt und Körperbau zu zeigen, als Produkt von Anlage und Milieu. Und was ist uns aus all den jahrelangen Bemühungen zu guter Letzt entgegengetreten? So fragt dieser Forscher schließlich, und er gibt die erstaunliche Antwort: – das Bild des Menschen in seiner Freiheit.

Oder nehmen wir jene Zwillinge, die der berühmte Erbforscher Professor Lange einmal publiziert hat: als sogenannte eineiige Zwillinge hatten beide dieselbe Erbanlage. Nun, aus dieser Anlage heraus war der eine dieser beiden Zwillingsbrüder ein unerhört gefinkelter und gewitzigter Verbrecher geworden. Und was war aus seinem Bruder geworden – was hatte sein Bruder – wohlgemerkt: aus der gleichen Anlage heraus – aus sich selbst gemacht? Auch er war außergewöhnlich raffiniert und gewiegt – aber nicht als Krimineller, sondern als Kriminalist. Nun, ich denke, dieser Unterschied: Kriminalist oder Krimineller – ist ein sehr entscheidender, und über die Verschiedenheit dieser zwei Lebenswege hatten die beiden Menschen eben entschieden, und diese Entscheidung war verschieden trotz des gleichen Starts. Wollen wir das festhalten: Es gibt ein Drittes: jenseits von Anlage und Milieu, von Vererbung und Umgebung, steht die Entscheidung des Menschen, und sie hebt ihn hinaus über seine bloße Gebundenheit.

Oder lassen Sie mich schließlich von einem selbsterlebten Fall berichten: Eine Patientin, schwer neurotisch, erzählt mir von ihrer Zwillingsschwester – wiederum einem eineiigen Zwilling, also einem Menschen mit der gleichen Anlage. Und dies konnte auch jeder Laie bemerken. Denn die Patientin berichtete mir, daß sie und ihre Schwester bis in Details und Nuancen hinein den gleichen Charakter hatten und die gleichen Vorlieben, sei es hinsichtlich der Komponisten, die sie bevorzugten, sei es hinsichtlich der – Männer. Nur einen Unterschied gab es zwischen den Schwestern: die eine war eben neurotisch und die andere lebenstüchtig – nicht mehr und nicht weniger. Aber dieser Unterschied gibt uns das Recht, jeden Rest von Fatalismus zu überwinden: von Schicksalsgläubigkeit und von der Tendenz, die Hände in den Schoß zu legen. Denn welcher Ermutigung bedürften wir noch, um – trotz schicksalhafter Anlage und Milieugegebenheiten – alles daranzusetzen – sei es als Erzieher, sei es als Ärzte –, wo immer es um das Aufrufen menschlicher Freiheit geht. Vielleicht ist es überhaupt so, daß die Erbanlage an sich noch gar keinen Wert oder Unwert bedeutet. Sondern daß wir aus irgendeiner Anlage erst eine wertvolle oder wertwidrige Eigenschaft machen. Wie recht hätte dann Goethe auch vom biologischen und psychologischen Standpunkt, vom Standpunkt der Erbforschung, wenn er in Wilhelm Meisters Wanderjahren sagt: „Von Natur besitzen wir keinen Fehler, der nicht zur Tugend, keine Tugend, die nicht zum Fehler werden könnte."

Soviel zur Frage der Abhängigkeit des Menschen von seiner Erbanlage. Wie steht es aber um das zweite Moment, das den Menschen so schicksalhaft bestimmen soll, daß von eigentlicher Freiheit – wie man annimmt – nicht mehr viel die Rede sein kann: wie steht es um den Milieueinfluß? Sollte es wirklich so sein, wie Sigmund Freud einmal behauptet hat: man solle doch versuchen, eine Gruppe höchst differenzierter Menschen gleichmäßig dem Hunger auszusetzen; je mehr das Nahrungsbedürfnis zunehmen wird, um so mehr würden alle persönlichen Unterschiede sich verwischen, und an ihrer Stelle würde der einheitliche Nahrungstrieb sichtbar werden. Soweit Freud. Nun, unsere Generation hat dieses Experiment mitgemacht – millionenfach, kann man ruhig sagen. Sei es in Kriegsgefangenenlagern, sei es in Konzentrationslagern. Und was ist uns dort zum Schluß entgegengetreten – als letztes Ergebnis dieses Experiments –, so wie wir vorhin von Professor Stumpfl hörten, was er über das Endergebnis seiner Erbforschung zu sagen wußte? Nun, das Ergebnis dieser unbeabsichtigten Massenexperimente zur Milieuforschung war das gleiche: was uns entgegentrat und wovon wir Zeugen wurden, war wieder die Entscheidungsmacht des Menschen. Man mochte dem Kriegsgefangenen oder dem KZler alles fortgenommen haben: eines hatte man ihm lassen müssen – eine Freiheit war ihm geblieben, und es war die Freiheit, sich so oder so einzustellen zu den nun einmal gegebenen Verhältnissen. Und es gab ein so oder so. Keineswegs ist jeder durch den Hunger „vertiert" – wie man so häufig und so leichtfertig erzählen hört. Es gab Männer, die durch die Lagerbaracken und über die Appellplätze gewankt sind und hier ein gutes Wort und dort das letzte Stück Brot übrig hatten für einen ihrer Kameraden. Das hat wohl jeder Kriegsgefangene, der das Lager überlebt hat, erlebt. Es kann also keine Rede davon sein, daß die Gefangenschaft, daß das Lager – daß überhaupt irgendwelche Umwelteinflüsse den Menschen auch schon eindeutig und zwangsläufig in seinem Verhalten bestimmen.

Freilich hat sich gerade in der Gefangenschaft und gerade im Hungerzustand auch immer wieder gezeigt, daß die Haltung durchaus abhängig war davon, ob jemand einen Halt besaß. Diese Erfahrung erfuhr kürzlich ihre Bestätigung durch einen Bericht eines amerikanischen Psychiaters, der zu erforschen versucht hatte, was alles die in japanische Kriegsgefangenschaft geratenen amerikanischen Soldaten innerlich aufrecht und am Leben erhalten hatte; zu den Faktoren nun, die zum Überleben der Gefangenschaft beigetragen hatten, gehörte der Umstand, daß jemand eine positive Lebensauffassung und Weltanschauung besaß. Schließlich entspricht diese Erfahrung nur der Weisheit eines Satzes von Nietzsche, der da lautet: „Wer ein Warum zu leben hat, erträgt fast jedes Wie." Zu diesem Wie gehört eben auch der Hunger. Oder soll ich jene drei Dutzend Studenten in die Debatte ziehen, die sich der Universität von Minnesota freiwillig zur Verfügung gestellt hatten für ein halbjähriges Experiment, bei dem sie auf Hungerrationen gesetzt wurden, wie sie im letzten Kriegsjahr in Europa üblich gewesen waren? Auf die Dauer dieses Experiments wurden diese Studenten dauernd seelisch und körperlich untersucht. Alsbald waren sie so gereizt, wie es Hungernde eben zu sein pflegen. Und nach einem halben Jahr war so mancher von ihnen der Verzweiflung nahe. Aber trotz der ständigen Möglichkeit auszuspringen – ausgesprungen aus dem Experiment ist kein einziger. Auch hier sehen wir zum letztenmal: wenn es ihm darum zu tun ist – wenn es ihm dafürsteht, kann der Mensch stärker sein als äußere Umstände und innere Zustände; er hat die Macht, ihnen zu trotzen, und innerhalb des Spielraums, den das Schicksal ihm läßt, ist er frei.

Diese seine Freiheit wird durch die moderne Wissenschaft, auch durch die exakt naturwissenschaftliche und so denn auch durch die Forschungsergebnisse der Medizin, nur bestätigt. Und wenn man immer wieder sagen hört und so tun sieht, als ob die klinischen Erfahrungstatsachen, als ob Erbforschung und Hirnforschung, Biologie, Psychologie und Soziologie erwiesen hätten, wie abhängig und hinfällig menschlicher Geist sei, so ist gerade das Gegenteil wahr: konsequent zu Ende gedacht sprechen zumindest die klinischen Forschungsergebnisse für *die Trotzmacht des Geistes*. Und nach wie vor, heute wie vor 109 Jahren, als sie geschrieben wurden, gelten die Worte eines Großen der Wiener medizinischen Schule, des Freiherrn von Feuchtersleben. Er sagt: Man hat der Medizin den Vorwurf gemacht, daß sie die Neigung zum Materialismus, das heißt zu einer den Geist verleugnenden Weltanschauung, begünstige; aber dieser Vorwurf ist ungerecht. Denn niemand hat *mehr* Anlaß als gerade der Arzt, zwar die Hinfälligkeit der Materie, dafür aber auch die Gewalt des Geistes zu erkennen; und wenn er zu dieser Erkenntnis *nicht* gelangt, dann ist nicht die Wissenschaft schuld, sondern er selbst, denn er hat sie dann eben nicht gründlich genug erlernt.

Kann man die Seele messen und wägen?

Ich habe wiederholt darauf hingewiesen, daß der Laie gerade hinsichtlich psychiatrischer Fragen eine falsche Vorstellung hat. Zu diesen Fragen gehört vor allem die Frage danach, wo die Grenzen zu ziehen sind zwischen dem Bereich des seelisch noch Gesunden, des Normalen einerseits, und dem Bereich des seelisch Kranken, des Abnormen andererseits. Es zeigt sich, daß der Laie nicht nur vergißt, daß diese Grenzen im allgemeinen durchaus fließende sind, sondern er stellt sich gewöhnlich vor, daß der Fachmann, der psychiatrische Facharzt, diese Grenzen weitherzig zu ziehen pflegt; und das hieße, daß der Psychiater geneigt ist, etwas als bereits krankhaft zu betrachten und zu bezeichnen, was der Laie noch für durchaus normal halten würde. In Wirklichkeit ist das Gegenteil der Fall: der Psychiater pflegt die Grenzen des Pathologischen, des Krankhaften, eng zu ziehen, jedenfalls enger als der Laie.

Des weiteren gehört zu den häufigen Vorurteilen und Mißverständnissen, mit denen der Laie dem Psychiater begegnet, eine irrtümliche Auffassung von der Rolle, die im Rahmen psychiatrischer Untersuchungen dem sogenannten Examen zukommt, also der Prüfung auf psychische Funktionsstörungen hin, und der Exploration, das heißt der Ausforschung auf den seelischen Hintergrund oder Untergrund hin. Dem entspricht die Tatsache, daß sich der Laie meist vorstellt, eine psychiatrische Untersuchung bestehe vorwiegend in einer Intelligenzprüfung. Das ist nun ganz und gar unrichtig oder zumindest überholt. Ja ich stehe nicht an, die Behauptung zu wagen, daß zumindest die Art und Weise, in der eine Intelligenzprüfung vorgenommen wird, weniger einen Rückschluß zuläßt auf die Intelligenz des hierbei Untersuchten, als vielmehr auf die Intelligenz des jeweiligen Untersuchers. Freilich: immer wieder wird es sich als notwendig erweisen, den einen oder anderen Intelligenztest tatsächlich vorzunehmen. Nehmen wir zum Beispiel die Situation, daß der

Psychiater einem Patienten gegenübersitzt, bei dem er den Verdacht hat, daß ein gewisser Grad von Schwachsinn oder ein Verblödungsprozeß vorliegt. Der Psychiater wird dann unter Umständen dazu übergehen, dem Patienten sogenannte Unterschiedsfragen vorzulegen, und zwar um einen Anhaltspunkt eben für den Grad, für das Ausmaß der intellektuellen Herabsetzung zu gewinnen. Eine derartige Unterschiedsfrage lautet nun so: Worin besteht der Unterschied zwischen einem Kind und einem Zwerg? Nun, ich glaube, niemand wird daran zweifeln, daß die Intelligenz jener Patientin herabgesetzt war, die mir auf die Frage nach dem Unterschied zwischen einem Kind und einem Zwerg die Antwort gab: Mein Gott, Herr Doktor, ein Kind ist halt ein Kind, und ein Zwergerl arbeitet in einem Bergwerk.

Ein anderes Mal wird es notwendig sein, die Merkfähigkeit eines Patienten zu prüfen; das geschieht für gewöhnlich so, daß man im Laufe eines Gespräches den Patienten darum ersucht, sich ein Datum zu merken. Nun, ich empfehle den Hörern meiner klinischen Vorlesungen immer, sich anzugewöhnen, ihr eigenes Geburtsdatum dem Patienten aufzugeben, denn zumindest mir selbst ist es, bevor ich mich an dieses Rezept gehalten habe, einmal passiert, daß ich im Trubel der Arbeit vergessen habe, welches Datum ich dem Patienten aufgegeben hatte, so daß ich zum Schlusse nicht kontrollieren konnte, ob auch der Patient das Datum vergessen hat oder aber ich allein.

Davon jedoch, daß man mit Hilfe derartiger oder überhaupt irgendwelcher Tests an eine Wesenserfassung des Persönlichkeitskerns herankommt – davon kann keine Rede sein. Niemand Geringerer als Professor Villinger war es, der in einer seiner Publikationen nachdrücklich hingewiesen hat auf die Unsicherheit, die allen Testmethoden anhaftet, und auf die Gefahr willkürlicher Deutungen. Am geringsten, sagt er, sei diese Gefahr und die Unsicherheit der Testergebnisse bei den Intelligenztests und bei den Leistungstests. Die Willkürlichkeit der Deutungen nehme jedoch zu bei den Eignungstests, wie sie ja in der Berufsberatung unumgänglich sind, und werde unübersehbar bei den Persönlichkeitstests. Wer die Persönlichkeit mit Hilfe von Tests zu erfassen sucht, dem drohe, daß er einer Pseudoexaktheit, einer Scheinwissenschaftlichkeit – das sind die Worte von Villinger – verfällt. Ausdrücklich warnt Villinger davor, zuviel Vertrauen zu setzen auf eine Laboratoriumsexaktheit, die in Wirklichkeit keine Exaktheit ist. Soweit Villinger. Auch der Mainzer Psychiater Professor Kraemer hat einbekannt, daß eine geschickte Exploration, also ein sachkundig geführtes Gespräch mit dem Patienten, das gleiche leistet wie das oft recht komplizierte Arbeiten mit den Testmethoden. Aber nicht etwa nur eine länger dauernde psychiatrische Beobachtung führt zu den gleichen Ergebnissen; sondern es ist bemerkenswert, daß Professor Langen eine Arbeit veröffentlicht hat, in der er statistisch nachweisen konnte, daß die psychiatrische Abschlußdiagnose nach länger dauernder stationärer Beobachtung von Geisteskrankheiten in nicht weniger als 80% der Fälle durchaus übereinstimmte mit dem bloßen ersten Eindruck, den der Arzt bereits im ersten Gespräch mit dem Patienten von diesem gewonnen hatte. Bei Psychosen (eben Geisteskrankheiten) in 80%; wie war es aber bei Neurosen? Nun, bei Neurosen stimmte die Abschlußdiagnose sogar in *allen* Fällen mit jener Diagnose überein, die man vom Patienten auf Grund des bloßen ersten Eindrucks bekommen hatte.

Vom Patienten, sagte ich soeben; genauer müßte ich sagen: von der einmaligen und einzigartigen, unverwechselbaren Persönlichkeit, die schließlich jedem einzelnen Menschen und folglich auch jedem einzelnen Kranken eignet. Will man an dieses Persönliche, an das absolut Individuelle jedes einzelnen Menschen, mit Hilfe von Tests heranrücken, will man also mehr als einen bloßen Typus, will man die Person erfassen, dann könnte man nie genug individualisieren. Ja mehr als das: eigentlich müßte man für jede Person und, füge ich sogleich hinzu, für jede Situation, in der sie sich befindet, einen eigenen Test erst erfinden. Man kann nämlich auch nicht genug improvisieren. Ein Beispiel soll das erläutern:

Eines Tages war ich beauftragt worden, bei einem Jugendlichen, der sich in Haft befand, ein psychiatrisches Fakultätsgutachten zu erstellen. Er hatte sich darauf ausgeredet, ein Freund habe ihn zur kriminellen Tat verleitet, und zwar habe er ihm versprochen, er werde ihm nach vollbrachter Tat dafür 1000 Schilling geben. Das Gericht wollte nun vom Psychiater wissen, ob dieser junge Mensch wirklich so leicht beeinflußbar und so leichtgläubig war; sein Freund hatte nämlich bestritten, das geringste mit der Tat zu tun zu haben. Wenn der zu Untersuchende nun wirklich so leichtgläubig gewesen wäre, dann hätte sich ein leichter Grad von Schwachsinn nachweisen lassen müssen; aber die Tests wiesen keineswegs in diese Richtung. Nun wäre es aber auch denkbar gewesen, daß der Junge nichts weniger als schwachsinnig war – im Gegenteil, daß er eben schlau genug war, um sich auf seinen Freund nur auszureden. Und der Richter wollte wissen, war der Junge nun so dumm, daß er glauben mußte, sein Freund werde ihm wirklich 1000 Schilling geben, oder war er sogar so schlau, daß er uns glauben machen wollte, er wäre so dumm. Die Intelligenztests hatten, wie gesagt, versagt. Im letzten Augenblick improvisierte ich nun und fragte ihn, ob er mir 10 Schilling geben könne; denn ich könnte gegen Erlag dieser 10 Schilling beim Präsidenten des Gerichts erwirken, daß sein Verfahren sofort niedergeschlagen und er selbst augenblicklich enthaftet wird. Prompt ging er auf diesen Vorschlag ein und war nachher nur mit Mühe davon zu überzeugen, daß ich ihn nicht ernst gemeint hatte. So leichtgläubig war er also gewesen; aber die Leichtgläubigkeit konnte erst durch den improvisierten, eigens dafür erfundenen Test objektiviert werden.

Es ist selbstverständlich, daß es der heutigen Zeit irgendwie „liegt", auch die Seele des Menschen nur soweit zu beurteilen, ja in ihrer Existenz anzuerkennen, als sich an ihr eben Meßbares und Wägbares befindet. Aber wie Schiller einmal gesagt hat: Spricht die Seele, so spricht, ach, schon die Seele nicht mehr – so ließe sich variierend sagen: Testet man den Menschen, so ist es schon längst nicht mehr der Mensch, ist es jedenfalls nicht sein Wesen, was da erfaßt wird. Vielmehr hat eine Psychologie, die in einer Testmethode gipfelt, den Menschen aus der ihm eigenen Dimension nur hineinprojiziert in die Dimension des Meßbaren und des Wägbaren. Das Wesentliche, das Eigentliche im Menschen, dessen Persönlichkeitskern, hat sie damit aus dem Blick verloren. Aber dieses Eigentliche ist vielleicht überhaupt nicht mehr auf rein wissenschaftlichem Wege oder gar erst auf rein naturwissenschaftlichem Wege erfaßbar, sondern bedarf einer anderen Weise der Annäherung. Vielleicht gilt analog auch vom Menschen, was der große Arzt Paracelsus einmal gesagt hat: Wer Gott nicht erkennt, *liebt* ihn zuwenig. Vielleicht bedarf es jener inneren Aufgeschlossenheit, die erst gegeben ist in einer liebenden Hingabe an das unverwechselbare Du des andern, wenn wir es in seinem Wesen erfassen wollen. Heißt doch lieben letztlich gar nichts anderes als du sagen können zum andern, ihn in seiner Einmaligkeit und Einzigartigkeit erfassen und freilich darüber hinaus auch noch eines: ihn in seinem Wert bejahen. Also nicht nur du sagen können, sondern auch ja sagen können zu ihm. Und so zeigt sich denn wieder einmal, daß es gar nicht richtig ist, wenn man von der Liebe behauptet, sie mache blind – im Gegenteil, Liebe macht durchaus sehend; ja, sie macht geradezu seherisch; denn der Wert, den sie am andern sehen und aufleuchten läßt, ist ja noch keine Wirklichkeit, sondern eine bloße Möglichkeit; etwas, was noch gar nicht ist, sondern erst wird, werden kann und werden soll. Der Liebe eignet eine kognitive, d.h. eine Erkenntnisfunktion. Aber auch die Psychotherapie muß Werte sehen; sie kann nie völlig wertfrei sein, sondern höchstens wertblind.

So wären wir denn ausgegangen vom Psychiatrieren, von der Intelligenzprüfung und von den Tests, und unsere Überlegungen münden in das Einbekenntnis, daß wir dem Wesen eines Menschen, also alledem, was noch hinter seinen einzelnen Funktionen und allfälligen Funktionsstörungen steht, nicht näherkommen, solange wir uns in unserem Bemühen, den andern zu verstehen, bloß aufs Rationale und Rationalisierbare beschränken und verlassen. *Wollen wir eine Brücke schlagen von Mensch zu Mensch* – und dies gilt auch von einer Brücke des Erkennens und Verstehens –, *so müssen die Brückenköpfe eben nicht die Köpfe, sondern die Herzen sein.*

Wir haben vorhin vom exakten und statistischen Nachweis gehört, daß der erste Eindruck, und das will wohl besagen: ein durchaus gefühlsmäßiger Eindruck, auch durch die weiteren psychiatrischen Beobachtungsergebnisse nur bestätigt wurde. So gilt denn auch bis in die psychiatrisch-diagnostische Methodik hinein meine Überzeugung, *daß das Gefühl viel feinfühliger sein kann als der Verstand scharfsinnig.*

Anhang

Das Buch als Therapeutikum

Festvortrag zur Eröffnung der Buchwoche '75
in der Wiener Hofburg

Wenn vom Buch als einem Therapeutikum gesprochen wird, so geschieht dies durchaus im klinischen Ernst. Nimmt doch die sogenannte Bibliotherapie bereits seit Jahrzehnten im Rahmen der Neurosenbehandlung einen legitimen Platz ein. Dem Patienten wird jeweils die Lektüre bestimmter Bücher – und zwar keineswegs nur die von Sachbüchern – empfohlen. Dieser Einsatz des Buches ist selbstverständlich ein gezielter und richtet sich nach dem jeweiligen Fall.

Im Hinblick darauf, daß sich die Psychotherapie wesentlich auf eine Partnerschaft zwischen Arzt und Krankem gründet, kann natürlich davon keine Rede sein, daß jemals das Buch den Arzt und die Bibliotherapie eine Psychotherapie zu ersetzen vermöchte. Und doch darf in dieser Hinsicht das Buch nicht unterschätzt werden. Ich besitze Dokumente, aus denen eindeutig hervorgeht, daß Menschen, die jahrzehntelang an schweren Neurosen gelitten hatten und ohne Erfolg jahrelang in fachärztlicher Behandlung gestanden waren, einzig und allein auf Grund der Lektüre eines Buches eine bestimmte Methode und Technik der Psychotherapie selber und selbständig auf den eigenen Fall anwenden und sich dann auch endlich einmal von ihrer Neurose befreien konnten.

Die Möglichkeit, das Buch therapeutisch einzusetzen, geht jedoch weit über das Pathologische hinaus. So vermag das Buch etwa in existentiellen Krisen – von denen ja niemand verschont bleibt – einfach Wunder zu wirken. Das rechte Buch zur rechten Zeit hat viele Menschen vor dem Selbstmord bewahrt, und davon wissen wir Psychiater sehr wohl ein Lied zu singen. In diesem Sinne leistet das Buch echte Lebenshilfe – und Sterbehilfe. Ich meine da nicht die soeben in Mode gekommenen Bücher, in deren Titeln stereotyp das Wortpaar „death and dying", „Tod und Sterben", vorkommt und in denen vom Sterben gesprochen wird, als ob es sich um nichts anderes handeln würde als um einen

Prozeß, der sich in so und so viele Phasen einteilen und womöglich auch noch manipulieren läßt. Sondern ich meine den Tod als eine der menschlichen Grenzsituationen, als einen der Aspekte jener „tragischen Trias" der Existenz – wie ich sie nennen möchte –, zu der sich Tod, Leid und Schuld zusammenfügen. Ich kenne Briefe, die auf dem Sterbebett geschrieben wurden, und andere, die aus dem Kerker geschmuggelt wurden, und in all diesen Briefen wird rührend zum Ausdruck gebracht, wieviel irgendein Buch, ja auch nur ein einzelner Satz, gerade in einer solchen Situation äußerer Abgeschlossenheit und innerer Aufgeschlossenheit bedeuten konnte.

Solche therapeutischen Effekte lassen sich noch potenzieren, wo immer sich eine ganze Gruppe zusammentut und zusammenfindet, um irgendwelche Bücher gemeinsam zu studieren beziehungsweise dann auch durchzudiskutieren. Ich verfüge über Protokolle, aus denen hervorgeht, wie sich unter den Häftlingen des Staatsgefängnisses von Florida eine Studiengruppe ganz spontan herauskristallisierte und wie therapeutisch sich dann die Gruppenlektüre auswirkte:

„Unsere Gruppe besteht aus 9 Häftlingen, und wir treffen einander 2mal wöchentlich. Und ich muß sagen, was da geschieht, grenzt an ein Wunder. Menschen, die hilflos und hoffnungslos gewesen waren, finden einen neuen Sinn in ihrem Leben. Hier, im Gefängnis mit den härtesten Sicherheitsvorkehrungen von ganz Florida, nur ein paar hundert Meter entfernt vom elektrischen Stuhl, stellen Sie sich vor, ausgerechnet hier werden unsere Träume wahr."

Freilich: Sachbücher tun's nicht immer. Es gibt vielmehr Situationen, in denen sich sagen läßt: Wo alle Worte zu wenig wären – dort ist jedes Wort zuviel. Es wäre denn, wir suchen Zuflucht beim Wort eines Dichters. Zumindest ist es mir einmal so ergangen. Der Direktor des berüchtigten Zuchthauses von San Quentin, das sich in der Nähe von San Francisco befindet, hatte mich eingeladen, vor den Häftlingen – durchaus Schwerstkriminellen – einen Vortrag zu halten. Nachdem ich dies getan hatte, stand einer meiner Zuhörer auf und sagte, den Leuten von der Death Row, in deren Zellen sich die zum Tod Verurteilten aufhalten, sei es verboten worden, zum Vortrag zu kommen, und er fragte, ob ich nicht einem von ihnen, Mr. Mitchell, der in wenigen Tagen in der Gaskammer exekutiert wird, wenigstens durchs Mikrophon ein paar Worte sagen könnte. Ich war hilflos.

Aber ich konnte mich nicht herumdrücken um die Bitte. So improvisierte ich denn: „Glauben Sie mir, Mr. Mitchell, irgendwie kann ich ihre Situation verstehen. Schließlich mußte auch ich eine Zeitlang im Schatten einer Gaskammer leben. Aber, glauben Sie mir, Mr. Mitchell, auch damals habe ich nicht einen Augenblick lang meine Überzeugung aufgegeben, daß das Leben unter allen Bedingungen und Umständen einen Sinn hat. Denn entweder hat es einen Sinn – dann muß es ihn auch behalten, wenn es noch so kurz dauert. Oder aber es hat keinen Sinn – dann könnte es auch nicht sinnvoll werden, wenn es noch so lange dauern würde. Selbst ein Leben, das wir anscheinend vertan haben, läßt sich noch rückwirkend mit Sinn erfüllen, indem wir gerade durch die Selbsterkenntnis über uns hinauswachsen." Und wissen Sie, was ich dem Mr. Mitchell dann erzählt habe? Die Geschichte vom Tod des Iwan Iljitsch, wie sie uns Tolstoi hinterlassen hat. Die Geschichte eines Mannes, der auf einmal mit der Tatsache konfrontiert ist, daß er nicht mehr lange zu leben hat, und dem plötzlich zum Bewußtsein kommt, wie sehr er das Leben verpfuscht hatte. Aber gerade an dieser Einsicht wächst er innerlich sosehr über sich hinaus, daß er noch imstande ist, das scheinbar so sinnlos gewesene Leben rückwirkend mit Sinn zu überfluten.

Mr. Mitchell war der letzte Mann, der in der Gaskammer von San Quentin starb. Kurz vor seinem Tod jedoch gab er dem San Francisco Chronicle ein Interview, und aus ihm geht eindeutig hervor, daß er die Geschichte vom Tod des Iwan Iljitsch in jeder Beziehung mitbekommen hatte…

Der Lesehunger der Jugend ist bekannt. Instinktiv weiß sie um die Kraftquellen, die ihr da zur Verfügung stehen. Wie anders ließe sich erklären, was sich einmal – vor Jahrzehnten – im Lager Theresienstadt ereignet hat. Ein Transport mit an die tausend jungen Menschen mußte zusammengestellt werden, und am nächsten Morgen ging es ins Lager Auschwitz. Am selben Morgen aber mußte festgestellt werden, daß in der Nacht in die Lagerbücherei eingebrochen worden war. Jeder einzelne von den Todgeweihten hatte sich Werke seiner Lieblingsdichter, aber auch wissenschaftliche Bücher in den Rucksack gestopft. Als Reiseproviant auf der Fahrt ins (zum Glück noch) Unbekannte. Und jetzt soll mir jemand noch kommen und sagen: „Erst kommt das Fressen, dann kommt die Moral."

Wir sind nicht blind. Das Buch braucht sich keineswegs immer weiß Gott wie segensreich auszuwirken. Nicht zuletzt sind wir skeptisch geworden, was die Popularisierung wissenschaftlicher Forschungsergebnisse anbelangt. Einstein hat einmal gemeint, dem Wissenschaftler bleibe nur die Wahl, entweder verständlich und oberflächlich zu schreiben, oder aber gründlich und unverständlich. Bei alledem ist ein Unverständnis auf seiten des Lesers noch immer harmloser als ein Mißverständnis. Aber auch ein Mißverständnis kann harmlos sein. Dies war etwa der Fall, als der New Yorker Psychiater Binger einen öffentlich zugänglichen Vortrag über Psychosomatische Medizin gehalten hatte und dann gefragt wurde, in welchem Geschäft denn ein Fläschchen psychosomatischer Medizin erhältlich sei.

Die Gefahr des Mißverstehens sehe ich ganz anderswo. Nur allzu leicht führt eine weniger popularisierte als vielmehr vulgarisierte Wissenschaft dazu, daß der Mensch sich selbst mißversteht – daß sein Selbstverständnis verbildet wird, indem ihm Halbwahrheiten, Viertelwahrheiten, Achtelwahrheiten angeboten werden, als würde es sich um die ganze Wahrheit handeln. Und woher dies kommt?

Für gewöhnlich hören wir die Leute darüber klagen, daß sich die Wissenschaftler zu sehr spezialisieren. Ich glaube, das Gegenteil ist wahr. Der Jammer ist nicht, daß sich die Wissenschaftler spezialisieren. Sondern der Jammer ist, daß die Spezialisten generalisieren. Wir kennen die sogenannten terribles simplificateurs. Sie vereinfachen alles. Aber es gibt auch die terribles généralisateurs, wie ich sie nennen möchte. Die terribles simplificateurs schlagen alles über einen Leisten. Die terribles généralisateurs bleiben nicht einmal bei ihrem Leisten. Sie verallgemeinern alles. Wie anders sollen sie auch einen Bestseller zustande bringen – wie sollen sie popularisieren *ohne* zu generalisieren?

Unter dem Einfluß der Massenindoktrination, die schon von den bloßen Titeln solcher Bestseller ausgeht, versteht der Leser sich selbst nicht mehr als Menschen, sondern – und ich zitiere zwei Bestsellertitel – als einen „nackten Affen" und einen Apparat und Mechanismus „jenseits von Freiheit und Würde". Dazu kommt der Nihilismus von heute. Der Nihilismus von gestern erging sich im Gerede vom Nichts. Der Nihilismus von heute verrät sich durch die Worte „nichts als..." Der Mensch ist „nichts als" das Produkt von Produktionsverhältnissen, von Erbe und Umwelt, von sozio-ökonomischen und psychodynamischen Bedingungen und Umständen und weiß der Teufel was.

So oder so: er wird hingestellt wie ein Opfer der Verhältnisse, während er in Wirklichkeit der Schöpfer der Verhältnisse ist, zumindest ihr Gestalter und, wann immer es nötig sein sollte, auch ihr Umgestalter.

Namentlich eine vulgarisierte Tiefenpsychologie spielt dem neurotischen Leser willkommene Alibis in Hülle und Fülle in die Hände. Schuld an allem sind dann nur noch die Komplexe. Er ist dann für nichts mehr verantwortlich. Es gibt ja keinen freien Willen mehr. Aber wie weise antwortete mir einmal eine schizophrene Patientin auf meine Frage, ob sie sich etwa *nicht* wie willensfrei vorkomme, mit der Bemerkung: „Wissen S', Herr Doktor, i' bin willensfrei, wann i' will, und wann i' net will, bin i' net willensfrei." Und was im besonderen die Komplexe anbelangt, schrieb mir einmal eine Nicht-Patientin: „Ich habe eine fürchterliche Kindheit hinter mir, bin in einem sogenannten Broken Home aufgewachsen und habe bittere Not gelitten. Und doch möchte ich all das Schreckliche, das ich in meiner Kindheit erlebt und erfahren habe, nicht missen. Denn ich bin überzeugt, daß viel Positives aus ihm hervorgegangen ist. Komplexe? Der einzige Komplex, an dem ich leide, ist der Gedanke, daß ich eigentlich Komplexe haben müßte, ohne wirklich welche zu haben."

Das Gerede vom „nichts als", oder, wie diese Einstellung zum Menschen ebenfalls genannt wird, der Reduktionismus, ist nur der eine Aspekt des zeitgenössischen Nihilismus. Der andere Aspekt ist der Zynismus. Es ist schick geworden, sich über die heile Welt lustig zu machen, den Menschen herunterzumachen, ihn zu verteufeln. Selbstverständlich gehört es nicht zu den Aufgaben der Literatur, die Wirklichkeit zu beschönigen, sie zu verharmlosen. Sehr wohl mag es aber zu ihren Aufgaben gehören, jenseits der Wirklichkeit eine Möglichkeit aufleuchten zu lassen, die Möglichkeit einer Veränderung der Wirklichkeit, die Möglichkeit einer Umgestaltung der Wirklichkeit. Die Welt liegt im argen – wem sagen Sie das? Sie ist nicht heil. Aber Sie werden verstehen müssen, daß es mir als Arzt widerstrebt, es dabei bewenden zu lassen. Die Welt ist nicht heil, aber heil-bar. Und eine Literatur, die es verschmäht, in diesem Sinne ein Heilmittel zu sein und am Kampf gegen die Krankheit des Zeitgeistes teilzunehmen – eine solche Literatur ist nicht eine Therapie, sondern ein Symptom, das Symptom einer Massenneurose, der sie noch dazu in die Hände arbeitet. Wenn der Schriftsteller nicht fähig ist, den Leser gegen Verzweiflung zu immunisieren, dann soll er es doch wenigstens unterlassen, ihn mit Verzweiflung noch zu infizieren.

Denn die Massenneurose von heute ist charakterisiert durch ein weltweit um sich greifendes Sinnlosigkeitsgefühl. Heute ist der Mensch nicht mehr so sehr wie zur Zeit von Sigmund Freud sexuell, sondern existentiell frustriert. Und heute leidet er weniger als zur Zeit von Alfred Adler an einem Minderwertigkeitsgefühl, sondern eben an einem Sinnlosigkeitsgefühl, das mit einem Leeregefühl einhergeht, mit einem existentiellen Vakuum. Heute ist es bereits im Osten, ja in der Dritten Welt zu beobachten. So hat der tschechische Neurologe Professor Vymetal nachweisen können, daß „diese Krankheit von heute, der Verlust des Lebenssinns, besonders bei der Jugend, ohne Einreisegenehmigung die Grenzen der kapitalistischen und der sozialistischen Gesellschaftsordnung überschreitet". Wenn Sie mich fragen, wie ich mir die Heraufkunft des Sinnlosigkeitsgefühls erkläre, dann kann ich nur sagen, im Gegensatz zum Tier sagt dem Menschen kein Instinkt, was er *muß*, und im Gegensatz zum Menschen in früheren Zeiten sagt ihm keine Tradition mehr, was er *soll* – und nun scheint er nicht mehr recht zu wissen, was er eigentlich *will*. So kommt es denn, daß er entweder nur will, was die anderen tun – und da haben wir den Konformismus – oder aber er tut nur, was die anderen wollen, von ihm wollen – und da haben wir den Totalitarismus.

Mit Hilfe von Tests ist statistisch nachgewiesen worden, daß das Sinnlosigkeitsgefühl am meisten unter den jungen Menschen verbreitet ist. Und Ingenieur Habinger hat auf Grund einer statistischen Stichprobe ermitteln können, daß es unter 500 Wiener Lehrlingen innerhalb der letzten Jahre von 30 Prozent bis auf 80 Prozent gestiegen ist. Was Amerika anbelangt, haben meine Mitarbeiter an der United States International University den Nachweis erbringen können, daß so weltweite und im Zunehmen begriffene Phänomene wie Aggressivität beziehungsweise Kriminalität, Drogenabhängigkeit und Selbstmord im Grunde auf eines zurückzuführen sind, und das ist eben das Sinnlosigkeitsgefühl. Unter den amerikanischen Studenten rangieren als Todesursache die Verkehrsunfälle an 1. Stelle, und an 2. Stelle folgen bereits die Selbstmorde. Dabei sind die Selbstmordversuche 15mal häufiger, und die Dunkelziffer ist noch nicht berücksichtigt. Zum Glück. Denn wir Ärzte haben nicht nur therapeutisch, sondern auch prophylaktisch zu denken, und auf dem Gebiete der Selbstmordverhütung ist Publicity nicht so ohne weiteres von Vorteil. Vielleicht genügt es, wenn ich Ihnen in diesem Zusammenhang verrate, daß in Detroit einmal die Häufigkeit von Selbstmorden beziehungsweise Selbstmordversuchen jäh abnahm, um erst nach 6 Wochen ebenso jäh wieder zuzunehmen. Während dieser 6 Wochen hatte es nämlich einen kompletten Zeitungsstreik gegeben, und den Selbstmorden und Selbstmordversuchen war Publicity komplett versagt geblieben. (Anmerkung auf Seite 171.)

Es muß eben nicht alles gesagt werden. Wenn ich einem Patienten den Blutdruck messe, und der ist, sagen wir, 160, und ich sag's dem Patienten, dann ist er ja nicht mehr 160, sondern inzwischen ist er auf 180 gestiegen. Denn der Patient fürchtet sich vor einem Schlaganfall. Sag' ich ihm hingegen, auf seine bange Frage, praktisch sei der Blutdruck normal, er habe also nichts zu befürchten, dann ist der Patient beruhigt, und der Blutdruck ist auch wirklich nur noch 140.

Nun zurück zum Sinnlosigkeitsgefühl. Wie läßt sich „das Buch als Therapeutikum" einsetzen gegen diese Massenneurose von heute? Vor allem an drei Fronten, gegen drei aktuelle und akute Aspekte der Zeitkrankheit, nämlich: die Sonntagsneurose, die Pensionierungskrise und die Arbeitslosigkeitsneurose.

Am Sonntag, während des Weekends, wenn die wochentägliche Betriebsamkeit innehält, kommt einem das Sinnlosigkeitsgefühl nur um so mehr zum Bewußtsein. Das hat eine typische Depression zur Folge, eben die sogenannte Sonntagsneurose. Und die nimmt anscheinend zu. Hat doch das Institut für Demoskopie in Allensbach feststellen müssen, daß es 1952 26 Prozent waren, denen an Sonntagen die Zeit so lang wird, während es heute 37 Prozent sind.

Analoges gilt von der Pensionierungskrise, dem psychosomatischen Verfall bei Menschen, die außer der Arbeit kaum einen Lebensinhalt gekannt haben und, entlastet vom Druck beruflicher Verpflichtungen und konfrontiert mit der Leere in sich, einfach zusammensacken. Umgekehrt können wir dem psychophysischen Kräfteverfall im Alter steuern, wenn wir nicht nur physisch, sondern auch psychisch fit bleiben, und da spielt das Buch nicht nur eine Rolle als Therapeutikum, sondern auch als Prophylaktikum. Jedenfalls habe ich auf niemandes Schreibtisch so viel Bücher aufgetürmt gesehen, wie auf dem von Professor

Berze, einem gewesenen Direktor des „Steinhof", der in geistiger Frische und Regsamkeit im 91. Lebensjahr gestorben ist.

Was schließlich die Arbeitslosigkeitsneurose anbelangt, handelt es sich um ein Krankheitsbild, das ich bereits im Jahre 1933 in der Sozialärztlichen Rundschau beschrieben habe, und zwar auf Grund von Erfahrungen, die ich im Rahmen einer von der Arbeiterkammer gestarteten Aktion „Jugend in Not" sammeln konnte. Es hatte sich herausgestellt, daß die Not eben nicht nur eine wirtschaftliche, sondern auch eine seelische war. Ohne Arbeit erschien den Leuten das Leben sinnlos – sie selbst kamen sich nutzlos vor. Das Bedrückendste war nicht die Arbeitslosigkeit an sich, sondern das Sinnlosigkeitsgefühl. Der Mensch lebt nicht von der Arbeitslosenunterstützung allein.

Im Gegensatz zu den dreißiger Jahren ist die Wirtschaftskrise heute auf eine Energiekrise zurückzuführen: zu unserem Schrekken hatten wir entdecken müssen, daß die Energiequellen nicht unerschöpflich sind. Ich hoffe nur, daß Sie es nicht für frivol halten, wenn ich nun die Behauptung wage, die Energiekrise und das mit ihr einhergehende verminderte Wirtschaftswachstum sei, was unseren frustrierten Willen zum Sinn anlangt, eine einzige große Chance. Wir haben die Chance, uns selbst zu be-sinn-en. Zur Zeit der Überflußgesellschaft hatten die meisten Leute genug, *wovon* sie leben konnten. Aber viele Menschen wußten von nichts, *wofür* sie hätten leben können. Nunmehr mag es sehr wohl zu einer Akzentverschiebung kommen von den Lebens-Mitteln zu einem Lebens-Zweck, zu einem Lebens-Sinn. Und im Gegensatz zu den Energiequellen ist der Sinn unerschöpflich. Nichts aber vermöchte die Sinnfindung katalytisch so sehr in Gang zu bringen, wie das Buch. Daß der Mensch auch instinktiv um die damit gegebene Möglichkeit weiß, sich in Zeiten wirtschaftlicher Depression wenigstens innerlich über Wasser zu halten, läßt sich daran erkennen, daß in Ländern mit Massenarbeitslosigkeit mehr Bücher denn je gekauft und gelesen werden.

Dazu kommt noch, daß im Gegensatz zu den Massenmedien und dem Sich-berieseln-lassen, zu dem sie den Menschen verleiten, das Buch das Selektiv-sein fördert. Ein Buch können Sie nicht wie einen Rundfunk- oder einen Fernsehapparat einfach aufdrehen und abschalten. Für ein Buch müssen Sie sich erst entscheiden, Sie müssen es erstehen oder wenigstens entlehnen, Sie müssen es lesen und zwischendurch innehalten, um auch zu denken. Mitten in einer von der Dehumanisierung bedrohten Arbeitswelt schüttet der Mensch Inseln auf, auf denen er nicht nur sich unterhalten kann, sondern auch sich besinnen, nicht nur sich zerstreuen, sondern auch sich sammeln. Die aufs Lesen verwendete Freizeit verhilft ihm nicht zur Flucht vor sich selbst, vor seiner eigenen Leere, sondern sie läßt ihn „zu sich kommen". Mit einem Wort, das Buch dient nicht einer zentrifugalen, sondern einer zentripetalen Freizeitgestaltung. Es entlastet uns vom Leistungsdruck, von der Vita activa, und ruft uns zurück in die Vita contemplativa, ins beschauliche Dasein, wenn auch nur von Zeit zu Zeit.

Und worin mag die Aufgabe und Verantwortung des Buchhandels bestehen? Darin, daß er dem Menschen seinen Willen zum Sinn, der heute so frustriert ist, zunächst einmal überhaupt erst zumutet. Solange wir uns von vornherein auf den Standpunkt stellen, der Leser sei für dieses oder jenes Buch einfach zu blöd, bleibt er nicht nur auch wirklich blöd, sondern wird er überhaupt erst blöd. Es gibt Idioten, die überhaupt nur Idioten geworden sind, weil ein Psychiater sie einmal dafür gehalten hat. Es tut mir leid, aber ich muß diesen Festvortrag schließen wie ein Gymnasiast seine Redeübung, mit einem Goethezitat: „Wenn wir den Menschen so nehmen, wie er ist, dann machen wir ihn schlechter. Wenn wir ihn aber so nehmen, wie er sein soll, dann machen wir ihn zu dem, der er werden kann."

Anmerkung zu Seite 169: „Der Schulpsychologe des Wiener Stadtschulrates, Kraft ... berichtet ... von einem in der Schweiz durchgeführten Experiment: In einem Kanton seien die Medien ein Jahr lang übereingekommen, nichts über Selbstmorde zu berichten – was die Selbstmorde in diesem Kanton auf ein Zehntel gesenkt habe." (Die Presse, 14.–15. II. 1981, Seite 5.)

Weitere Werke von Viktor E. Frankl

DAS LEIDEN AM SINNLOSEN LEBEN
Psychotherapie für heute
Herder/Spektrum
Band 4030

„Die Ansichten, die Professor Frankl in diesem und in seinen anderen Büchern vertritt, bedeuten den wichtigsten Beitrag auf dem Gebiet der Psychotherapie seit den Tagen von Freud, Adler und Jung. Und sein Stil ist bei weitem lesbarer." *Sir Cyril Burt, Präsident der British Psychological Society*
„Dieser Band ist so dicht, erfüllt von glühendem Humanismus, so reich an Dokumentation, und seine kritischen Stellungnahmen sind so besonnen, daß er minuziös gelesen zu werden verdient, Seite für Seite."
Annales médico-psychologiques

DER MENSCH VOR DER FRAGE NACH DEM SINN
Eine Auswahl aus dem Gesamtwerk
7 Auflagen, Piper, München

ÄRZTLICHE SEELSORGE
Grundlagen der Logotherapie und Existenzanalyse
14 Auflagen, Deuticke, Wien
„Wohl der entschiedenste Vorstoß, den die analytische Therapie seit Freud gemacht hat."
Prof. Dr. H. Kranz im Zentralblatt für die gesamte Neurologie und Psychiatrie
„Ein wissenschaftlicher Bestseller: der wohl bedeutendste Versuch, sich theoretisch von der Freudschen Grundposition zu lösen."
Zentraler Lektoratsdienst für öffentliche Bibliotheken

... TROTZDEM JA ZUM LEBEN SAGEN
Ein Psychologe erlebt das Konzentrationslager
13 Auflagen, Kösel-Verlag und dtv 10023, München
„Ein Buch, das sich nicht überleben wird." *Rhein-Neckar-Zeitung*
„Frankls Buch kann als eines der großen documents humains unserer Zeit angesehen werden." *Professor Dr. Herbert Spiegelberg, Washington University*

DIE SINNFRAGE IN DER PSYCHOTHERAPIE
2 Auflagen, Serie Piper 214, München

DER WILLE ZUM SINN
Ausgewählte Vorträge über Logotherapie
3 Auflagen, Verlag Hans Huber, Bern
„Ich glaube, daß die Arbeiten von Frankl der wichtigste Beitrag zur Psychotherapie seit Freud sind." *Prof. Dr. F. Hoff in der Therapiewoche*

DIE PSYCHOTHERAPIE IN DER PRAXIS
Eine kasuistische Einführung für Ärzte
5 Auflagen, Franz Deuticke, Wien
„Die Stärke des Buches liegt in seiner Unvoreingenommenheit, Lebensnähe und seinem Einfallsreichtum.
Zentralblatt für die gesamte Neurologie und Psychiatrie

Spektrum/Lebenswissen

Verena Kast
Loslassen und sich selber finden
Die Ablösung von den Kindern
Band 4002
Sich loslassen und sich als Erwachsene neu begegnen. Phasen und
Chancen im Ablösungsprozeß von den Kindern.

Lorenz Wachinger
Wie Wunden heilen
Sanfte Wege der Psychotherapie
Band 4009
Die Quintessenz von über 20jähriger therapeutischer Erfahrung: erprobte
Hilfen zum gelingenden Leben.

Christine Swientek
Mit 40 depressiv, mit 70 um die Welt
Wie Frauen älter werden
Band 4010
Älterwerden nicht als Last, sondern als Lust und Chance. Frauen
erzählen, was dabei zu gewinnen ist.

Elisabeth Lukas
Auch dein Leben hat Sinn
Logotherapeutische Wege zur Gesundung
Vorwort von Viktor E. Frankl
Band 4011
Diagnose: Depression. Was fehlt Menschen, die ohne reale Bedrängnis
unter Niedergeschlagenheit und Minderwertigkeitsgefühlen leiden?

Viktor E. Frankl
Das Leiden am sinnlosen Leben
Psychotherapie für heute
Band 4030
Der weltbekannte Therapeut zeigt, wie seelisches Leiden heilbar ist.

HERDER / SPEKTRUM

Chérie Carter-Scott
Negaholiker
Das Rettungsbuch für alle Schwarzseher und notorischen
Pessimisten
Band 4075
Das praktische Selbsthilfeprogramm für alle, die sich weniger zutrauen,
als sie wirklich können.

Rüdiger Rogoll
Nimm mich, wie ich bin
Lieben und lassen in der Partnerschaft
Band 4102
Rüdiger Rogoll entwirrt die komplizierten Regeln von Psychospielen in
der engen Beziehung zwischen Menschen.

Knud Eike Buchmann
Die Kunst der Gelassenheit
Im Alltag aus der Mitte leben
Band 4120
Knud Eike Buchmann lehrt die Kunst der Gelassenheit. Ein Buch für
Leute, die die Ruhe weg haben wollen.

Rudolf Köster
Was kränkt, macht krank
Seelische Verletzungen erkennen und vermeiden
Band 4122
Rudolf Köster legt die subtilen Mechanismen seelischer Kränkung offen
und deckt ihre psychosomatischen Folgen auf.

Udo Kittler/Friedhelm Munzel
Lesen ist wie Wasser in der Wüste
Band 4123
Bücher sind Oasen in der Wüste des Alltags. Ermutigungen zu einer
neuen Lebens- und Lesekultur.

HERDER / SPEKTRUM

Rüdiger Rogoll
Nimm dich, wie du bist
Wie man mit sich einig werden kann
Band 4046

Transaktionsanalyse konkret: Wer innere Konflikte aufarbeitet, kommt auch mit seinen Mitmenschen besser zurecht.

Hildegard von Bingen
Heilwissen
Von den Ursachen und der Behandlung von Krankheiten
Übersetzt und herausgegeben von Manfred Pawlik
Band 4050

Ein Klassiker der sanften Medizin, heute aktueller denn je: alle Ratschläge der genialen heilkundigen Frau in einem Band.

Christian Michel / Felix Novak
Kleines Psychologisches Wörterbuch
Erweiterte und aktualisierte Neuausgabe
Band 4054

Kompakte Informationen und hilfreiche Anregungen für das Verstehen psychologischer Vorgänge im Alltag, für Arbeit und Studium.

Niklaus Brantschen
Fasten neu erleben
Warum, wie, wozu?
Band 4058

Fasten ist mehr als nicht essen. Es weckt Sehnsucht nach einem veränderten Leben.

Werner Rautenberg / Rüdiger Rogoll
Werde, der du werden kannst
Persönlichkeitsentfaltung durch Transaktionsanalyse
Band 4062

Dieses Buch hilft, die eigene Lebensgeschichte zu entziffern und alle Möglichkeiten zur persönlichen Entfaltung zu nutzen.

HERDER / SPEKTRUM